Widmung:

Dieses Buch widme ich all jenen Menschen, die sich in ihrer Freizeit von belastenden Gedanken befreien möchten, um wieder mehr Freude, Leichtigkeit und Gelassenheit zu spüren.

Liebe Leserinnen, liebe Leser,

in meinen zahlreichen Seminaren und Coachings durfte ich die Erfahrung machen, dass es Menschen sehr schätzen, wenn ich sie persönlich mit ihrem Vornamen anspreche. Gerne nehmen die Teilnehmer/Innen mein DU an und auch ich mag es, wenn diese Menschen, die ich ein kleines Stück ihres Lebens begleiten darf, mich duzen und Rudi zu mir sagen. Gestatten Sie mir bitte, dass auch ich Ihnen an dieser Stelle das DU anbiete, um DICH ganz persönlich anzusprechen. Wenn Du also während des Lesens gedanklich mit mir als Autor sprichst, so sag´ einfach DU zu mir und sprich mich bitte mit Rudi an – herzlichen Dank!

In meinem Buch verzichte ich aus Gründen der Leserlichkeit auf die separate Schreibweise von weiblichen Titeln. Selbstverständlich spreche ich Damen und Herren gleichermaßen an.

Rudolf Beirer

Endlich abschalten können

Freizeit genießen ohne lästiges Grübeln

Bibliografische Information der Deutschen Nationalbibliothek:
Die Deutsche Nationalbibliothek verzeichnet diese Publikation in der Deutschen Nationalbibliografie; detaillierte bibliografische Daten sind im Internet über http://dnb.dnb.de abrufbar.

© 2014 Rudolf Beirer

Cover-Layout : © image-for-you.de
Cover-Foto: © Marianne Mayer – Fotolia.com

Fotos: © Fotolia.com

Redaktion:
Hubert Hunscheidt
text & medien
D-86983 Lechbruck am See
www.hunscheidt-textundmedien.de

Herstellung und Verlag:
Books on Demand GmbH, Norderstedt

ISBN: 978-3-7357-5789-0

10 Knöpfe zum Abschalten:

Deine Gedanken als Unruhestifter

In meinem gleichnamigen Seminar *„Endlich abschalten können"* bitte ich die Teilnehmer, ihre belastenden Gedanken anonym auf Moderationskarten zu notieren. Ich sammle dann die beschrifteten Karten ein und lese sie, nachdem ich diese durchmischt habe, der Seminargruppe vor.

Hier ein Auszug dieser Gedanken, die Menschen ins Grübeln bringen und eine unangenehme innere Anspannung erzeugen:

- *Habe ich wohl keinen Fehler gemacht?*

- *Habe ich auch nichts vergessen?*

- *Wie wird das morgige Gespräch laufen?*

- *Was mache ich, wenn ich es nicht schaffe?*

- *Werde ich den steigenden Anforderungen gewachsen sein?*

- *Was bedeutet die Zusammenlegung der Abteilungen für mich und meine berufliche Zukunft?*

- *Werde auch ich früher oder später schwer krank werden?*

- *Wo findet unsere Tochter nach ihrem Schulabschluss eine passende Stelle?*

- *Was passiert, wenn meine Kollegin meine neue Chefin wird?*

- *Warum läuft gerade bei mir alles schief?*

- *Was mache ich, wenn ich den Überblick verliere?*

- *Soll ich die angebotene Stelle annehmen oder meinen bisherigen Job behalten?*

- *Wird sich mein Partner noch ändern oder soll ich ihn verlassen?*

- *...*

Kannst Du das Gemeinsame dieser Gedanken erkennen?

Ja, richtig! Die Gedanken der Seminarteilnehmer werfen Fragen auf, die sich in der Gegenwart meist nicht klären lassen, weil die Antwort in der Zukunft liegt.

Du kannst nicht abschalten, wenn dein Verstand jetzt Fragen beantworten möchte, deren Antwort in der Zukunft liegt!

Die fehlenden Antworten erzeugen eine quälende Ungewissheit, die deinen „Inneren Denker" immer weiter antreibt, die offenen Fragen möglichst schnell zu klären. Dein Verstand produziert deshalb immer mehr und mehr Gedanken, die sich allmählich im Kreise drehen und dich permanent beschäftigen und unruhig machen.

1. Knopf zum Abschalten:
SINNLICHKEIT

Dein innerer Denker bewegt sich meist außerhalb der Gegenwart – abseits des HIER und JETZT. Er beschäftigt sich gern mit Ereignissen, welche in der Vergangenheit liegen, wirft Fragen auf und entwickelt daraus Szenarien und Vorgehensweisen für die Zukunft.

Wenn du dich überwiegend mit deiner Vergangenheit und deiner Zukunft beschäftigst, lebst du am Leben vorbei!

Das Leben findet immer in der Gegenwart, im HIER und JETZT statt!

Gehörst auch du zu jenen Grüblern, die sich viel zu viele Gedanken machen und zu sehr in ihrer gedanklich konstruierten Welt leben, anstatt das Leben einfach zu genießen?

Steige aus deinem Gedankenrad aus, indem du mit deinen Sinnen wahr-nimmst, was in diesem Augenblick – in der Gegenwart – geschieht.

Du bist über deine fünf Sinne mit dem Leben und mit deiner Umwelt verbunden:

- Sehen
- Hören
- Fühlen
- Riechen
- Schmecken

Kopflastige Menschen müssen erst wieder lernen, ihre Sinne zu aktivieren. Der wichtigste Schritt dazu ist die Wieder-Öffnung der verkümmerten Sinneskanäle. Ich empfehle dir dazu folgende Übung:

Übung: Öffnen und aktivieren deiner Sinneskanäle

Sehen:

Wenn du einen Spaziergang machst, so nimm´ für einige Minuten ganz bewusst wahr, was du alles sehen kannst. Lasse deinen Blick umherschweifen und du wirst erstaunt sein, was du plötzlich alles sehen wirst, was dir zuvor nicht aufgefallen war.

Hören:

Suche dir anschließend einen Platz, an welchem du deine Augen schließen kannst und höre für einige Augenblicke ganz bewusst all´ jene Geräusche, welche an dein Ohr strömen. Vielleicht ist es ja ruhig und du hörst angenehme Stille.

Fühlen:

Finde auf deinem Spaziergang einen Stein und einen Baum und Gräser, die du mit deinen Händen berührst und spüre, wie sie sich anfühlen – glatt oder rau, warm oder kühl etc. Schließe dabei die Augen, um deinen taktilen Sinneskanal noch mehr zu aktivieren.

Riechen:

Öffne deine Nase und lass´ die Luft durch deine Nase streichen. Nimm´ bewusst alle Düfte wahr, die du riechen kannst. Wenn du deine Augen dabei geschlossen hälst, verstärkst du deinen Geruchssinn.

Schmecken:

Nimm´ auf deinem Spaziergang ein Stück Obst mit, dass dir schmeckt. Schließe deine Augen und genieße abschließend diese köstliche Frucht. Lass´ dir ruhig Zeit beim Essen.

1. Knopf zum Abschalten:

SINNLICHKEIT

Wenn dich Gedanken quälen, dann lebe
deine Sinnlichkeit!

Nimm´ mit deinen Sinnen bewusst wahr,
was dich im Augenblick umgibt.

Verbinde dich über deine Sinne mit dem
Hier und Jetzt – mit dem Leben!

Du kannst nicht abschalten, wenn dein Verstand Entscheidungen treffen möchte und ihm dafür die Informationen in der notwendigen Qualität fehlen!

Wenn du die Gedanken der Seminarteilnehmer liest, so wird dir auffallen, dass sich diese auch mit anstehenden Entscheidungen beschäftigen. Entscheidungssituationen können dich gedanklich massiv belasten, wenn du deine Entscheidungskompetenz alleine auf deinen Verstand delegierst. Er ist mit vielen Situationen einfach überfordert, da ihm die Informationen, die er für eine sichere Entscheidung braucht, fehlen bzw. diese ihm nicht in der geeigneten Qualität zur Verfügung stehen. So kämpft dein innerer Denker mit

- fehlenden Informationen
- zu vielen Informationen
- widersprüchlichen Informationen
- unverständlichen Informationen
- nicht vertrauenswürdigen Informationen

Die Folge ist, dass sich dein innerer Denker in Denkschleifen aufhängt, und immer wieder zu denselben unbefriedigenden Ergebnissen kommt. Du kannst nicht schlafen und fühlst dich mitunter hilflos und vielleicht sogar verärgert darüber, dass du in der Situation stecken bleibst und keine Fortschritte erzielst.

2. Knopf zum Abschalten:
BAUCHGEFÜHL

Du könntest an dieser Stelle zurecht den Einwand bringen, dass dieses Problem leicht zu beheben ist. Wir müssen uns die Informationen einfach nur besorgen und entsprechend aufbereiten - dann kann unser Verstand ganz locker die richtige Entscheidung treffen. So einfach geht es leider selten. Wir können uns mögliche Auswirkungen unserer Entscheidungen vorstellen, jedoch mit dem Beigeschmack, dass doch alles ganz anders kommen kann als wir es erwarten. Wir können unseren Verstand oftmals nicht mit jenen Informationen versorgen, die eine sichere Vorhersage ermöglichen.

Stell dir bitte vor, dein Arbeitgeber bietet dir im Rahmen einer Umstrukturierung der Firma ein neues Aufgabengebiet an. Du kannst im vornhinein nicht wissen, ob das neue berufliche Betätigungsfeld das hält, was es verspricht und du vielleicht nach einem halben Jahr der bisherigen Aufgabe nachtrauerst. Wahrscheinlich gehst du deine Entscheidung analytisch an, indem du alle Vor- und Nachteile gegenüberstellst und diese bewertest. Die Möglichkeiten deines

Verstandes sind mit dieser systematischen Entscheidungsfindung ausgereizt. Letztlich bleibt immer noch diese Unsicherheit, ob es der richtige Schritt ist, da dir zum Zeitpunkt der Entscheidung die notwendigen Informationen in Form von Erfahrungen fehlen. Wie du bereits weißt, wirkt die Ungewissheit wie Doping für dein Gedankenrad, dass sich immer schneller zu drehen beginnt. Wie wirst du dich also in dieser Situation entscheiden, wenn der Dienstgeber einer Probephase nicht zustimmt und von dir ein klares JA oder NEIN erwartet?

Die nachstehende Geschichte kann dich auf die „richtige Fährte" bringen:

Selber _spüren_, was richtig ist!

Eine weise Geschichte

Ein Vater zog mit seinem Sohn und einem Esel in der Mittagsglut durch die staubigen Gassen von Keshan. Der Vater saß auf dem Esel, den der Junge führte.

"Der arme Junge", sagte da ein Vorübergehender. "Seine kurzen Beinchen versuchen mit dem Tempo des Esels Schritt zu halten. Wie kann man so faul auf dem

Esel herumsitzen, wenn man sieht, dass das kleine Kind sich müde läuft."

Der Vater nahm sich dies zu Herzen, stieg hinter der nächsten Ecke ab und ließ den Jungen aufsitzen. Gar nicht lange dauerte es, da erhob schon wieder ein Vorübergehender seine Stimme:

"So eine Unverschämtheit. Sitzt doch der kleine Bengel wie ein Sultan auf dem Esel, während sein armer, alter Vater daneben herläuft." Dies schmerzte den Jungen und er bat den Vater, sich hinter ihn auf den Esel zu setzten.

"Hat man so was schon gesehen?", keifte eine Frau, "solche Tierquälerei! Dem armen Esel hängt der Rücken durch, und der alte und der junge Nichtsnutz ruhen sich auf ihm aus, als wäre er ein Diwan, die arme Kreatur!"

Die Gescholtenen schauten sich an und stiegen beide, ohne ein Wort zu sagen, vom Esel herunter. Kaum waren sie wenige Schritte neben dem Tier hergegangen, machte sich ein Fremder über sie lustig:

"So dumm möchte ich nicht sein. Wozu führt ihr denn den Esel spazieren, wenn er nichts leistet, euch keinen Nutzen bringt und noch nicht einmal einen von euch trägt?"

Der Vater schob dem Esel eine Handvoll Stroh ins Maul und legte seine Hand auf die Schulter des Sohnes.

"Gleichgültig, was wir machen", sagte er, "es findet sich doch jemand, der damit nicht einverstanden ist. Ich glaube, wir müssen selbst spüren, was für uns richtig ist."

(Aus: Peseschkian. Der Kaufmann und der Papagei)

Die Lösung lautet:

Spüren statt grübeln !!!

Höre bei deinen Entscheidungen auf dein Bauchgefühl! Allein dein Bauch kann dich spüren lassen, welcher Weg für dich der stimmige bzw. der richtige ist.

Warum gerade dein Bauch? Neben dem Gehirn ist der Darm das Organ mit den meisten Nervenzellen, weshalb auch vom

"Bauchgehirn" gesprochen wird. Dieses Nervenzentrum ist eng mit deinem Unterbewusstsein verbunden, das alle deine bisherigen Lebenserfahrungen gespeichert hat. Aktuelle Situationen werden mit bereits unbewusst abgespeicherten Erlebnissen verglichen und lösen entsprechende positive oder negative Bauchgefühle aus. Dieser Mechanismus geschieht ganz automatisch und instinkthaft und hatte ursprünglich die Funktion, unsere Vorfahren vor gefährlichen Situationen zu schützen. Dein Bauchgefühl ist deinem Verstand weit überlegen, da es auf den riesigen Erfahrungsschatz deines Unterbewusstseins in Bruchteilen einer Sekunde zugreifen kann, während deinem inneren Denker nur ein sehr begrenzter Gedächtnisspeicher zur Verfügung steht.

Die drei Schritte zu deiner „stimmigen" Entscheidung:

1. Schritt: Die richtige Fragestellung

Statt zu fragen „Was will ich?", solltest du dich bei deiner Entscheidungsfindung von dem Gedanken leiten lassen: **„Was tut mir gut?"**

2. Schritt: Zugang zum Bauchgefühl

Kopflastige Menschen haben Mühe, die Signale ihres Körpers zu spüren, da die ständige Gedankenflut alle Aufmerksamkeit bindet. Sie müssen erst wieder lernen, ihre Wahrnehmung bewusst auf ihren Bauch zu richten. Die nachstehende Übung kann dir helfen, mit deinem Bauchgefühl in Berührung zu kommen:

Übung: Wahrnehmen des eigenen Bauchgefühls

Suche dir einen angenehmen Platz, an welchem du es dir in den nächsten Minuten ganz bequem machen kannst. Schließe deine Augen und lege dich entspannt auf die Unterlage, die dich ganz sicher trägt. Beobachte deinen Atem, wie er ein- und ausströmt, ohne ihn zu verändern – einfach nur beobachten. Beginne anschließend allmählich tiefer in deinen Bauch ein- und auszuatmen. Genieße mehr und mehr diese wohltuende innere Weite in deinem Bauch und spüre in diesen Raum hinein, der immer weiter und weiter wird mit jedem Atemzug.

*Lege deine rechte Hand auf deinen Bauch und sprich nach jedem Ausatmen: „**Ruhe ist in mir**". Nach einigen Minuten wirst du spüren, wie dein Bauch ruhiger und ruhiger wird.*

Dieses wohlige Bauchgefühl wird sich zukünftig immer dann bei dir einstellen, wenn deine Entscheidung stimmig bzw. richtig für dich ist. Eine nicht stimmige Entscheidung wird sich als Anspannung oder Druck oder flaues Gefühl in deinem Bauch bemerkbar machen.

Du besitzt also für dein weiteres Leben einen inneren Kompass, der dich sicher durch den Entscheidungs-Dschungel lotst.

3. Schritt: Momente der Ruhe

Du kannst deinen Gedankenstrom mit einem See vergleichen: Wenn dein Geist zur Ruhe kommt, dann wird auch die Oberfläche des Sees still und du kannst durch das Wasser hindurch den Grund des Sees beobachten. Ständige Gedanken sind wie Steine, die auf die Oberfläche des Wassers treffen und permanente Wellen im See erzeugen. Das bewegte Wasser verhindert eine klare Sicht auf den Grund des Sees.

Ständige Gedanken machen dich unruhig. Wenn du in Unruhe bist, fehlt dir der klare Blick für deine Entscheidungen. Insbesondere bei wichtigen Entscheidungen solltest du dir Momente der Ruhe gönnen, um in dich selbst hinein zu spüren und in dir selbst die Klarheit zu finden.

2. Knopf zum Abschalten:

BAUCHGEFÜHL

Vertraue bei Entscheidungen mehr und mehr auf dein Bauchgefühl → und du wirst mit „stimmigen" Entscheidungen belohnt!

„Spüren" statt „Grübeln"

Frage dich: „Was tut mir gut?"
statt „Was will ich?"

Du kannst nicht abschalten, wenn du an dir selbst zweifelst und vieles persönlich nimmst!

Was hat Dein Selbstvertrauen mit deinem Grübeln zu tun? Gibt es da einen Zusammenhang? Diese Frage lässt sich mit einem klaren JA beantworten!

Menschen mit weniger Selbstwertgefühl beherrschen die Kunst des „Sich-selbst-in-Frage-stellens". Sie sind wahre Meister des Selbst-Zweifelns! Mit einer atemberaubenden Selbstverständlichkeit konstruieren sie Gedanken wie: *„Das kann ich sowieso nicht schaffen!"* oder *„Warum passieren solche Missgeschicke immer nur mir?"* Die dadurch entstehende Verunsicherung löst im menschlichen Verstand zahlreiche Grübelattacken aus. Kein Wunder, dass in solchen Fällen die innere Anspannung immer unerträglicher wird und die Sehnsucht nach Ruhe endlich erfüllt werden will.

Zudem führt mangelndes Selbstvertrauen dazu, dass wir das Verhalten anderer Menschen auf uns selbst beziehen und dadurch die Dinge persönlich nehmen.

Beispiel:

Der Chef grüßt am Morgen seinen Mitarbeiter Herrn Müller nicht. Der Mitarbeiter Müller macht sich folgende Gedanken: „Was habe ich meinem Chef getan, dass er mich heute nicht grüßt? Ist er sauer auf mich? Warum? Kann es daran liegen, dass ich ihm den Bericht noch nicht abgeliefert habe oder stört meinen Chef etwas anderes an mir? ... grübel, grübel, grübel ...

Hätte Herr Müller mehr Selbstvertrauen, dann würde er die Situation anders bewerten und weit weniger darüber nachdenken.

Beispiel:

„Welche Laus ist denn meinem Chef heute über die Leber gelaufen? Vielleicht hat er ja Stress Zuhause oder im Betrieb."

Erkennst du den Unterschied zwischen den beiden Situationen?

In der ersten Situation sucht Herr Müller die Ursache für das unfreundliche Verhalten seines Chefs bei sich selbst und löst dadurch SELBSTZWEIFEL aus. Bei Herrn Müller entsteht eine quälende Unsicherheit, die ihn grübeln lässt. In der zweiten Situation hingegen erkennt Herr Müller die Auslöser bei seinem Chef und bleibt dadurch emotional stabil. Herr Müller kann mit dieser Situation gedanklich schnell „abschließen".

3. Knopf zum Abschalten:
SELBSVERTRAUEN

Was würdest du einem Menschen raten, der sich hilfesuchend an dich wendet, weil ihn Selbstzweifel plagen und er sich nichts zutraut? Wahrscheinlich gibst du ihm wertvolle

Tipps zur Stärkung des Selbstvertrauens:

1. Tipp: *Setze dir eine andere Brille auf*

                   ∟ Erkenne deine Stärken - anstatt auf deine Schwächen zu starren

                   ∟ Erkenne deine Erfolge- anstatt deine Fehler zu zelebrieren

2. Tipp: *Biege in die neue Straße ein*

                   ∟ Fahre auf der *„Ich-Kann Allee"* weiter – verlasse die *„Opfergasse"*

3. Tipp:	*Wechsle die Gehsteigseite*
	∟ Gehe auf der sonnigen Straßenseite – tritt aus dem Schatten heraus
4. Tipp:	*Kaufe dir einen neuen Spiegel*
	∟ Sehe das Besondere an dir. Hör auf, dich ständig mit anderen zu vergleichen
5. Tipp:	*Löse dich von deiner Vergangenheit und starte NEU*
	∟ Gewinne deinen „Inneren Freund" – anstatt dich ständig vom „Inneren Kritiker" runterputzen zu lassen

In den letzten Jahren durfte ich viele Menschen als Trainer, Coach und Berater begleiten und ihnen helfen, ihr Selbstwertgefühl zu stärken. Dabei fiel mir immer wieder dieser überaus aktive „Innere Kritiker" auf, der diese Menschen von innen heraus mit vorwurfsvoller Stimme kritisierte und bevormundete.

Hast du eine Idee, woher dieser „Innere Kritiker" stammt und warum dieser bei Menschen mit schwachem Selbstwertgefühl deutlicher ausgeprägt ist?

Wenn du den Ursprung des „Inneren Kritikers" in der Erziehung vermutest, liegst du genau richtig. Er spricht mit der Stimme der Eltern. Der Erziehungsstil und die Aussagen der Eltern prägen sich tief ins Unterbewusstsein des Kindes ein und begleiten es bis ins hohe Alter.

Erziehungsstil, der das Selbstvertrauen des Kindes blockiert:

Wenn Eltern ihrem Kind mehr Strenge als Liebe geben

Wenn Eltern ihrcm Kind zu wenig Aufmerksamkeit schenken

Wenn Eltern ihrem Kind Ängstlichkeit und Unsicherheit vorleben

Wenn Eltern ihr Kind häufig und unangemessen bestrafen

Wenn Eltern ihrem Kind häufig Vorwürfe machen und ihm Schuld zuweisen

Wenn Eltern zuviele Verbote aussprechen und das Kind zu sehr bevormunden

Wenn Eltern die Meinung ihres Kindes herunterspielen und nicht ernst nehmen

Wenn Eltern ihrem Kind verbieten, Gefühle zu zeigen

Wenn Eltern ihr Kind häufig kritisieren, jedoch selten loben

Wenn Eltern ihrem Kind nichts zutrauen

Wenn Eltern das heranwachsende Kind zu sehr umsorgen

Wenn Eltern ihr Kind überfordern

Wenn sich Eltern vom Verhalten ihres Kindes enttäuscht zeigen

Wenn Eltern ihr Kind spüren lassen, dass es nicht willkommen ist

Wenn Eltern ihre Zuneigung unterschiedlich auf die Kinder verteilen

Die positive Nachricht ist, dass du diese Prägungen deiner Eltern, die deinen „Inneren Kritiker" nähren, jederzeit verändern kannst, wenn du das möchtest. Beginne JETZT deinen „Inneren Kritiker" in deinen „Inneren Freund" zu verwandeln, der dich in allen Lebenslagen unterstützt und dein Selbstvertrauen mit jedem Tag stärkt!

Wie das geht, siehst zu HIER:

Schick den Inneren Kritiker in die Wüste und gewinne deinen „Inneren Freund"

1. Schritt: Hole den „Inneren Kritiker" aus seiner Anonymität

Bisher hat dein „Innerer Kritiker" unerkannt aus dem Hinterhalt sein Unwesen getrieben und dir dein Leben schwer gemacht. Damit ist JETZT Schluss! Schließe deine Augen und erinnere dich an seine typischen Aussagen wie z. B.

„Du bist doch unfähig!"
„Kapierst du es immer noch nicht!"
„Dich mag sowieso niemand!"
„Du bist viel zu fett!" ...

Während du dich an diese verletzenden Äußerungen erinnerst, entsteht in deinem Unterbewusstsein für den „Inneren Kritiker" ein Gesicht – du brauchst nur darauf zu warten. Vielleicht ist es ein Gesicht, das du bereits kennst, vielleicht entsteht ein völlig neues Gesicht in deiner Fantasie. Wenn es beim ersten Versuch nicht klappt, dann wiederhole diese Übung zu einem späteren Zeitpunkt und du wirst sehen, dass es funktioniert.

2. Schritt: Sprich mit dem „Inneren Kritiker" Klartext

Lasse deine Augen weiterhin geschlossen und sag deinem „Inneren Kritiker", dass du erwachsen bist und du seine kritischen und besserwisserischen Eltern-Kommentare nicht mehr brauchst!

„Ich bin erwachsen und ich brauche deine blöden Sprüche nicht mehr!!!"

„Ich brauche deine Besserwisserei nicht mehr!!!"

„Ich brauche deine kritischen Eltern-Sprüche nicht mehr!!!"

3. Schritt: Stelle den „Inneren Kritiker" vor die Wahl

Zeige deinem „Inneren Kritiker", dass DU – und nur DU – das Sagen hast. Es geht um DICH und um DEIN Leben!! Stelle ihn vor die Wahl: Er kann als dein Freund bleiben oder er muss gehen – für immer gehen.

*"Du kannst bleiben als mein Freund, der mich wertschätzt, der mich annimmt, wie ich bin, der mir Zuspruch gibt, der mich tröstet, der sich mit mir freut und lacht, der mich unterstützt, der mich bestärkt, **oder** „Du gehst für immer !!"*

4. Schritt: Gib deinem „Inneren Freund" ein neues freund-liches Gesicht und eine neue freund-liche Stimme

Wenn dein „Innerer Kritiker" einsichtig ist und er dich zukünftig, als dein wirklicher „Innerer Freund" begleiten möchte, dann gib ihm ein neues, freund-liches Gesicht mit einer neuen freund-lichen Stimme.

Sollte er jedoch deiner Forderung nicht zustimmen und sich bockig zeigen, dann schick ihn in die Wüste und vertreibe ihn aus deinem „Haus" – für immer!

In diesem Fall biete den frei gewordenen Platz einem anderen freund-lichen Gesicht mit einer freund-lichen Stimme an, das dich zukünftig als dein „Innerer Freund" liebevoll begleiten wird.

5. Schritt: Der erste Dienst deines „Inneren Freundes"

Er wird sich mit dir freuen, dass du dich von dem „Inneren Kritiker" befreit hast und endlich aufhörst, an dir zu zweifeln.

Er wird dir sagen, dass deine Eltern im Innersten ihres Herzens dich lieben, auch wenn sie es möglicherweise nicht immer zeigen konnten. Er wird auch erwähnen, dass die meisten Eltern ihr Bestes geben und er wird dir empfehlen, dich im Inneren bei deinen Eltern zu bedanken für das Leben, das sie dir geschenkt haben.

Er wird dich bestärken, dass du zur Freude deiner Eltern das Beste aus deinem Leben machst und dass du für dein Glück selbst verantwortlich bist.

3.Knopf zum Abschalten:

SELBSTVERTRAUEN

Vertreibe den Inneren Kritiker aus
deinem „Haus" – für immer !

Höre auf die Stimme deines neu
gewonnenen „Inneren Freundes !

„Ich bin o.k." statt „Ich bin oje"

Du kannst nicht abschalten, wenn du dich ärgerst!

Ist es dir schon passiert, dass du von der Arbeit nach Hause kommst und dich über einen unnötigen Fehler ärgerst, der dir passiert ist? Oder hast du dich schon mal über deinen Teamkollegen geärgert, weil du dich von ihm zu wenig unterstützt fühlst? Gehörst du zu jenen Menschen, die sich eher schnell aufregen und ärgerlichen Situationen lange nachhängen, oder bist du eher der gelassene Typ?

In meinen Trainings bitte ich die Teilnehmer, eine Selbsteinschätzung vorzunehmen, wie häufig sie sich ärgern und welche Situationen sie als ärgerlich empfinden. Die Ergebnisse lassen einen sicheren Schluss zu: Es gibt Menschen, die sich häufiger oder weniger häufig ärgern als der Durchschnitt. Jedenfalls ärgern sich Menschen unterschiedlich oft.

Wenn du dich ärgerst, dann reagiert dein Körper mit Unruhe und Anspannung, die deine Gedanken immer wieder um dieses Ereignis kreisen und immer mehr ärgerliche Vorstellungen in deinem Kopf entstehen lassen. Es ist nur allzu verständlich, wenn es

dir in einem solch aufgewühlten Gefühls-
zustand unmöglich ist, abzuschalten.

Wusstest Du, dass Menschen, die sich häufig
ärgern auch häufiger Konflikte mit ihrer
Umwelt haben? Jeder neue Konflikt wieder-
um erzeugt neuen Ärger und hindert den
menschlichen Geist am Abschalten – ein
wahrer Teufelskreis, nicht wahr?

Der sicherste Ausstieg aus dieser Ärger-
Konflikt-Ärger-Spirale ist, erst gar nicht
einzusteigen, indem du gelassener wirst!!

Wie du es schaffst, gelassener zu werden
und leichter abzuschalten siehst du JETZT
und HIER.

4. Knopf zum Abschalten: GELASSENHEIT

Du kennst sicherlich den Spruch „*Gefahr erkannt → Gefahr gebannt!*"

Die nachstehende Grafik zeigt anschaulich, wie der Ärger in dir entsteht. Mithilfe dieses Wissens kannst du ganz gezielte Maß-nahmen setzten, um zukünftig deinen Ärger zu verabschieden und stattdessen eine wohltuende Gelassenheit zu erleben.

Der Ärger-Mechanismus

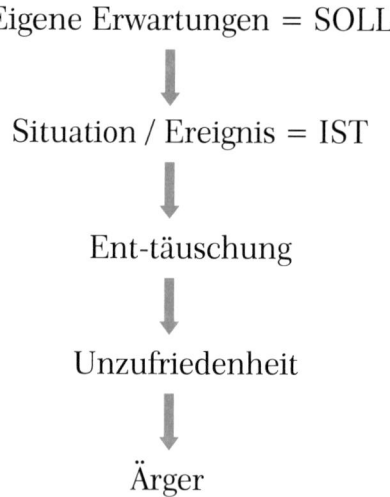

Eigene Erwartungen = SOLL

Situation / Ereignis = IST

Ent-täuschung

Unzufriedenheit

Ärger

In meinen Seminaren und Coachings äußern die Menschen häufig ihren Wunsch nach mehr Gelassenheit und verbinden ihr Anliegen mit der Frage:

"Wie kann ich es schaffen, meinen Kopf freizubekommen und endlich gelassener zu werden?"

Den ersten Teil meiner Antwort verpacke ich – im wahrsten Sinn des Wortes – in eine Handlung: Ich bitte die Teilnehmer, einen dicken Flipchart-Stift in ihre Hand zu nehmen und diesen ganz fest in ihrer Faust zu drücken. Dabei wird für die Teilnehmer deutlich spürbar, wie sich die Muskulatur ihrer Hand und ihres Unterarms anspannt und allmählich zu krampfen beginnt. Nach ca. einer Minute bitte ich die Teilnehmer, ihre Faust zu öffnen, und den Stift einfach auf den Boden fallen zu lassen. Die einsetzende Entspannung der Hand- und Armmuskulatur wird von den Teilnehmern als äußerst wohltuend empfunden.

Was hat nun diese Übung mit „Gelassenheit" zu tun?

Sehr viel! Der zweite Teil meiner Antwort lautet:

„Wenn du ge-lassen-er werden willst, dann musst du los-lassen! Solange du festhältst, bleibst du angespannt und Anspannung erzeugt Stress bzw. Ärger!"

Betrachte doch bitte nochmals die oben stehende Grafik „Ärger-Mechanismus". Du wirst erkennen, dass der Ursprung deines Ärgers in deinen Erwartungen liegt. Werden deine Vorstellungen nicht erfüllt, so entsteht in dir eine Enttäuschung, die zu Unzufriedenheit und Verärgerung führt.

Beispiel:

Du freust dich auf den heutigen Abend, den du mit einer Freundin verbringen möchtest. Sie sagt jedoch kurzfristig ab, da sie noch länger im Büro arbeiten muss. Du bist über diese Absage bzw. über deren Begründung enttäuscht und verärgert.

Die drei Schritte zur Gelassenheit

1. Schritt: Achte die Individualität anderer Menschen

Stelle dir die folgende Frage: "Möchte ich mich immer so verhalten, wie andere es von mir erwarten? Wohl kaum. Warum sollten sich also die anderen so verhalten, wie ich es von ihnen möchte?"

Achte mehr und mehr die Individualität der Menschen. Akzeptiere deren Werte, Einstellungen und Gewohnheiten und auch deren Schwächen.

2. Schritt: Lege dein „Erwartungs-Korsett" ab

Werde dir bewusst, wie sehr du dir selbst und auch anderen Menschen mit deinem „Erwartungs-Korsett" die Luft zum Atmen nimmst. Erkenne, wie deine ständige Erwartungshaltung deine Gedanken in unangenehmen und konfliktreichen Ärger verwandelt.

Überprüfe, wo du an dich selbst und möglicherweise auch an andere Menschen zu hohe Erwartungen hast und lass diese los:

- *„In welchen Bereichen stelle ich zu hohe Erwartungen an mich selbst?"*
- *„An welche Menschen stelle ich zu hohe Erwartungen?"*
- *„Von welchen Situationen erwarte ich mir zu viel?"*

3. Schritt: Spüre die Erleichterung

Die Befreiung aus der Umklammerung deines eigenen Erwartungsdrucks lässt deinen Geist ruhig werden und erleichtert spürbar dein Gemüt. Situationen, welche du früher als ärgerlich empfunden hast und die deine Gedanken beschäftigt haben, nimmst du jetzt mit einer wohltuenden Gelassenheit wahr und kannst die wirklich wichtigen Dinge deines Lebens genießen.

4. Knopf zum Abschalten:

GELASSENHEIT

Leg dein einengendes
Erwartungskorsett ab!

Beginne frei zu atmen und beschenke
andere Menschen mit deiner Freiheit,
indem du sie so annimmst, wie sie sind!

„Ich bin frei und du bist frei."

„Ich lasse los, was gehen will und umarme,
was kommt."

Du kannst nicht abschalten, solange du ein Perfektionist bist!

Perfektionisten sind wahre Masochisten, die sich selbst geistige Daumenschrauben anlegen. Zwanghaft schrauben sie die Erwartungen an sich selbst immer höher und fordern immer mehr von sich und anderen Menschen, da sie ihre eigenen überzogenen Maßstäbe auch auf andere übertragen.

Perfektionisten sind unzufriedene Menschen, die der Illusion verfallen, dass Leistung dauerhaft glücklich macht. Sie sind ständig am Planen und Kontrollieren und können nicht abschalten. Der zwanghafte Optimierungswahn durchdringt auch den privaten Bereich und gönnt dem Verstand keine Freizeit. Eine ständige geistige Anspannung begleitet den ruhelosen Perfektionisten.

Hinter dem Perfektionismus verbirgt sich der Mangel an liebevoller Zuwendung!!!

Niemand wird als Perfektionist geboren! Es sind Prägungen aus der frühen Kindheit, welche Menschen zu perfektionistischem Denken und Handeln antreiben. Wenn

Eltern ihre Zuwendung an das „Funktionieren" des Kindes koppeln, wird das Kind lernen, sich die Aufmerksamkeit der Eltern über Leistung zu verdienen. Es wird sich folglich immer mehr bemühen und anstrengen und versuchen, alles noch besser zu machen.

Du kannst nur das ernten, was du zuvor ausgesät hast. Wenn du beispielsweise Karottensamen in die Erde gibst, wirst du aus dieser Saat niemals Bohnen ernten können. Genau an dieser Stelle wird der kindliche Irrtum der Perfektionisten sichtbar: Sie säen „perfekte Leistung" aus und glauben „liebevolle Zuwendung" ernten zu können. Diese Rechnung geht jedoch nicht auf, da du Liebe nur erhältst, wenn du zuvor dein Herz öffnest und deine Liebe gibst.

Überlege dir doch mal, welchen enormen Einsatz dein Perfektionismus von dir fordert. Erstelle doch einfach mal eine „Kosten-Nutzen-Übersicht", welche dir ehrlich und ungeschminkt aufzeigt, welch' hohen Preis du täglich für dein Perfektionsstreben bezahlst. Vielleicht ähnelt deine Auflistung der nachstehenden Bilanz?

Die Fehlbilanz des Perfektionisten:

Kosten des Perfektionismus	Gewünschter Gewinn
Innere Getriebenheit und Unruhe	Erhalt von:
Ständige Unzufriedenheit	Lob / Anerkennung / Bestätigung
Übermüdung / Erschöpfung	
Psychosomatische Beschwerden ∟ Schlafstörungen ∟ Kopfschmerzen ∟ Verdauungsstörungen ∟ Bluthochdruck / Schwindel ∟ Infektanfälligkeit …..	Zur Erfüllung des Grund-Bedürfnisses nach:
Überreiztheit	
Partner und Kinder werden vernachlässigt	„Liebevoller Zuwendung"
Liebe Menschen bekommen die Nervosität und die geistige Abwesenheit zu spüren	Der Irrglaube des Perfektionisten

Würdest du von einem Verkäufer eine qualitativ minderwertige Ware zu einem stark überhöhten Preis kaufen? Sicherlich nicht! Du würdest den Händler auf das schlechte Preis-Leistungs-Verhältnis hinweisen und so deine Ablehnung begründen. Möglicherweise würdest du dem Anbieter zu verstehen geben, dass du klug genug bist, um nicht auf dieses Geschäft reinzufallen.

Wie du aus der obigen Fehlbilanz siehst, ist der Perfektionismus ein wahrlich miserables Geschäft!

Der Perfektionist zahlt einen viel zu hohen Preis, indem er sich selbst und anderen Menschen schadet, um letztlich der Sehnsucht nach liebevoller Zuwendung weiterhin nachlaufen zu müssen. Du kannst dir über Leistung maximal Anerkennung und Bestätigung verdienen – und die bleiben häufig aus - doch niemals aufrichtige Liebe!

Befreie deinen Geist von dieser kraftraubenden und ineffizienten Strategie des Perfektionismus und gewinne neue Lebensenergie, die dich mit Leichtigkeit und Freude deine Ziele erreichen lässt.

Es ist ganz einfach! Du brauchst nur deine wunderbare Herzenergie zu aktivieren:

5. Knopf zum Abschalten: HERZENERGIE

Ist dir eigentlich bewusst, dass …

- ⚔ dein Herz das Kraftwerk deines Lebens ist?
- ⚔ dein Herz (bis zu deinem 70. Lebensjahr) rund 2,5 Milliarden Mal schlägt und dabei rund 250 Millionen Liter Blut durch deine Adern fließen lässt?
- ⚔ dein Herz fortwährend schlägt, jeden Tag, jede Stunde, jede Minute, jede Sekunde? Es kennt keinen Urlaub, keine Sonn- und Feiertage, keinen Ruhetag, keine freie Stunde, keine einzige freie Minute?
- ⚔ dein Herz das Zentrum deiner Gefühle ist?
- ⚔ dein Herz eingeengt und bedrückt wird, wenn du alles mit deinem Verstand erledigen möchtest und dabei deine Gefühle unterdrückst und verdrängst?

Ein eingeengtes und bedrücktes Herz wird krank

Das vernachlässigte Herz beginnt sich bemerkbar zu machen und wird auffällig, mit dem Wunsch nach Aufmerksamkeit. Es möchte von unterdrückten Gefühlen befreit werden und endlich wieder Weite spüren, um wieder befreit in seinen Rhythmus zu schlagen.

Angina pectoris (= Herzenge) ist einer jener Symptome, die auf ein eingeengtes Herz hinweisen. Durch die Verengung der Herzkranzgefäße kommt es zu einer Blut-Unterversorgung des Herzmuskels, welche als Enge in der Brust, Atemnot und Ziehen in die linke Schulter bzw. in den linken Arm spürbar wird.

Ein weiteres Symptom ist der lebensgefährliche Herzinfarkt. Es sind dies jene Momente, in welchen sich ein verengtes zuleitendes Gefäß verstopft. Das hinter liegende Herzgewebe wird von der Sauerstoffzufuhr abgeschnitten und es entstehen plötzliche massive Schmerzzustände und eine lebensbedrohliche Akutsituation.

Manche Menschen leiden an Herzneurosen. Sie spüren die Symptome eines Herzinfarktes oder einer massiven Herz-Rhythmus-Störung. Die medizinische Abklärung liefert allerdings keinerlei auffällige Befunde. Herzneurosen zeigen sehr eindrücklich, wie anhaltende psychische Belastungen zu körperlichen Symptomen führen. Du hast sicherlich schon öfters die Volksweisheit gehört, dass dein Körper das Spiegelbild deiner Seele ist.

Herzkranke sind Menschen, die ihre Gefühle wegsperren

Herzkranke wollen am liebsten alles mit dem Kopf erledigen. Sie glauben, mit ihrem Verstand alles planen, kontrollieren und steuern zu können. Das starke Bedürfnis, alles im Griff behalten zu wollen, entspringt einer dahinter liegenden Angst, sich auf das Leben einzulassen und seinen eigenen Gefühlen zu trauen. Da wir unseren Gefühlen oftmals hilflos gegenüber stehen, ist es für uns sicherer, sie einfach „wegzusperren".

Aktivieren deiner wunderbaren Herzenergie

Ich durfte Menschen begleiten, die ihr Herz wieder neu belebt haben und sich so erfolgreich und dauerhaft aus der Perfektionismusfalle befreien konnten.

So erinnere ich mich beispielsweise an den 42-jährigen Norbert K. (Name wurde geändert). Norbert war Teamleiter und führte 12 Mitarbeiter. Er war ein Perfektionist wie aus dem Bilderbuch: Er konnte zu Hause nicht abschalten und beschäftigte sich auch nach Dienstschluss mit beruflichen Aufgabenstellungen. Ihm war es wichtig, keine Fehler zu machen und nichts zu vergessen. Norbert lebte für seinen Job und vernachlässigte über die Jahre hinweg seine Frau und seine zwei Söhne und vor allem sich selbst. Wie so oft im Leben bedurfte auch Norbert ernsthafter Probleme, um seine bisherige Lebenseinstellung zu hinterfragen und sich für Neues zu öffnen. Als Norbert das erste Mal in mein Coaching kam, klagte er über Schlafstörungen, Erschöpfungszustände und Konzentrationsschwächen. Er fand den Weg zu mir über die Empfehlung seines Hausarztes.

Ich erklärte ihm, dass nicht die Arbeit sein Problem sei, sondern die fehlende Regeneration. Norberts Leben war völlig aus dem Gleichgewicht geraten und so verlor er seine Lebensbalance. Seine Beschwerden waren die logische Konsequenz des kräftezehrenden Perfektionsstrebens, das ihm keine Ruhepause, kein Abschalten gönnte. Norbert selbst bezeichnete sich sarkastisch als „Hirnwichser".

„Was ist dein Ziel?" fragte ich Norbert, worauf er nach einiger Überlegung meinte, dass es sein größter Wunsch wäre, endlich wieder Leichtigkeit und Lebenskraft in sich zu spüren. Ich stand auf und ging einige Schritte in Richtung meines Schreibtisches, um die modern gestaltete Stehlampe einzuschalten. „Woher kommt die Energie, welche diese Glühbirne hell und warm leuchten lässt?" Norbert zeigte sich etwas verwundert, da er zu diesem Zeitpunkt den Sinn meiner Frage nicht verstand. Schmunzelnd verwies er auf den Strom, der aus der Steckdose fließt, um schließlich mit seinen Gedanken beim Kraftwerk zu landen, welches diesen Strom erzeugt. „Richtig" entgegnete ich meinem Klienten und schlug jetzt mit folgenden Worten die Brücke zu seiner „Hirnwichserei" und dem beginnenden Burn-Out:

„Dein Verstand ist die Glühbirne, welche deine Energie verbraucht. Dein Herz jedoch ist das Kraftwerk, welches deine Lebensenergie erzeugt!

Es war nicht zu übersehen, wie diese Erkenntnis Norbert ins Erstaunen versetzte und ihn für einige Augenblicke sprachlos machte. „Und was bedeutet das jetzt für mich? Was soll ich jetzt tun?" wollte mein Klient von mir wissen. Ich gab ihm folgende Empfehlung:

„Öffne dein Herz und aktiviere deine Herzenergie. Du wirst spüren, wie deine Lebenskraft zurückkehrt und dir Vieles mit Leichtigkeit gelingt. Es wird für dich wieder möglich, abzuschalten und zu regenerieren."

Norbert konnte noch nicht ahnen, dass seine Herzenergie ihn dauerhaft aus seiner Perfektionismusfalle befreien wird. Er konnte noch nicht seine herzliche, wohltuende und kraftvolle Ausstrahlung genießen, die auf andere Menschen so besonders positiv wirkt und auch deren Herz öffnet und frische Energien freisetzt.

Stattdessen stellte er mir die Frage, wie er seine Herzenergie aktivieren kann. Er könne sich doch nicht jeden Tag neu verlieben, meinte er etwas ironisch. Ich gab ihm die folgende Übung an die Hand mit dem Hinweis, diese täglich zu praktizieren:

Übung: Aktivieren deiner Herzenergie

Du liegst auf einer angenehmen Unterlage und schließt für einige Minuten deine Augen. Die nächsten Momente gehören ganz dir und du freust dich schon, mit deinem wunderbaren Herzen in Berührung zu kommen. Beobachte deinen Atem, wie er ein- und ausströmt, ohne ihn zu verändern – einfach nur beobachten. Beginne anschließend allmählich tiefer in deine Brust ein- und auszuatmen. Genieße mehr und mehr diese wohltuende innere Weite in deiner Brust und spüre in diesen Raum hinein, der immer weiter und weiter wird mit jedem Atemzug. Lege deine linke Hand auf dein Herz und fühle das rhythmische Schlagen deines Herzens. Klopfe mehrmals sanft mit deiner linken Hand an dein Herz und sprich die folgenden Worte

„Ich spüre wohlige Liebe in mir".

Stell´ dir mit geschlossenen Augen einen lieben Menschen vor, dem du jetzt deine wohltuende Liebe schenkst. Du siehst das Gesicht dieses lieben Menschen und lässt nun deine Liebe wie helle warme Sonnenstrahlen aus deinem Herzen fließen. Du siehst, wie das Lächeln dieses Menschen noch liebevoller wird und dessen Augen mehr und mehr leuchten. Deine warme Liebe ist so wohltuend – für dich und diesen lieben Menschen. Nachdem du deine wundervolle Liebe auch noch weiteren Menschen geschenkt hast, fühlst du deine Hand auf deinem Herzen und sprichst folgende Worte:

„Ich spüre tiefen Frieden in mir".

Norbert zeigte sich von der positiven Wirkung seiner Herzenergie überrascht. Es waren seit unserem ersten Coaching-Termin erst zwei Wochen vergangen und Norberts Ausstrahlung war deutlich energiereicher und aus seinen Blicken ging eine liebevolle Klarheit hervor, die mich angenehm berührte. Er berichtete mir, dass es für ihn anfangs sehr ungewohnt war, die Auf-merksamkeit auf sein Herz zu lenken und seine eigene Herzensliebe zu fühlen, jedoch wollte er auf diese wundervolle Erfahrung nicht mehr verzichten. Einige Wochen später erzählte mir Norbert von bereich-ernden Begegnungen mit Menschen und auch seine Arbeit ginge ihm viel leichter von der Hand. Er fühlte sich rundum wohler und konnte wieder seine Freizeit und sein Familienleben genießen. Norbert meinte, dass er die Welt jetzt mit anderen Augen sehen würde.

Ich stimmte meinem Klienten zu und ergänzte:

„Wer sein Herz öffnet,
der sieht mit seinem Herzen!"

5. Knopf zum Abschalten:

Herzenergie

Dein Verstand verbraucht Energie –
dein Herz liefert Energie!

Wenn Du Liebe aussäst, wirst du
liebevolle Zuwendung ernten!

Mit offenem Herzen erreichst du deine Ziele
mit Leichtigkeit!

Du kannst nicht abschalten, solange dir der Blick fürs Wesentliche fehlt!

Die Arbeitsweise deines Verstandes ist mit jener eines Gärtners vergleichbar. Der Gärtner entscheidet, welche Pflanzen er pflegt und mit Wasser begießt und auf diese Weise wachsen lässt.

Welche Probleme nährst du regelmäßig mit deiner Gedankenenergie bzw. deiner Grübelei, sodass diese Schwierigkeiten weiter wachsen und gedeihen und wichtige Bereiche deines Lebens überwuchern?

Du darfst dich beispielsweise nicht wundern, wenn dir dein Partner nicht mehr zuhört, weil du immer wieder von deinen beruflichen Problemen erzählst. Er verliert einfach die Lust mit dir zu plaudern und möchte nicht ständig nur dein Kummerkasten sein. Stattdessen hat dein Partner das Bedürfnis auch von sich zu erzählen und sich dir mitzuteilen. Eine Partnerschaft braucht das gegenseitige Interesse und Zuhören und das gemeinsame Teilen von Erlebnissen.

Vielleicht fühlt sich deine Nacken- und Rückenmuskulatur verspannt an und signalisiert dir auf diesem Wege, dass du deinem Körper mehr Bewegung gönnen solltest. In diesem Falle hast du deine Energie in „Nachdenk-Orgien" investiert und deinem Körper zu wenig Beachtung geschenkt. Zu viel Denken führt zu geistiger Anspannung und zu körperlicher Verspannung. Muss dein Körper erst schmerzen, damit du ihm die notwendige Aufmerksamkeit schenkst?

6. Knopf zum Abschalten:
ERKENNTNIS

Du entscheidest darüber, was in deinem Leben wirklich wichtig ist und was du als nachrangig ansiehst. Achte darauf, wohin du deine Energie richtest und wie viel Aufmerksamkeit du deinen Lebensbereichen schenkst. Mit deinem Energiemanagement entscheidest du darüber, wo in deinem Leben Wachstum stattfindet.

Die Fruchtstücke deines Lebens.

Eine kurze Geschichte:

Frühstück im Zen-Kloster: Der Meister nimmt eine Schüssel und füllt sie bis zum Rand mit großen Apfel- und Bananenstückchen.

„Ist die Schüssel voll?", fragt er die Mönche. „Ja, Meister!"

Er gibt einen Löffel Haferflocken hinzu. „Ist die Schüssel voll?"

Die Mönche haben verstanden: „Nein!"

„Gut.“

Er gießt Honig hinein.

„Ist sie jetzt voll?“

„Nein, Meister …“

„Richtig.“

Er nimmt einen Krug und gießt Milch hinein.

Quelle: Zeitmanagement - Think smarter: moses Verlag 2010

Welchen Sinn kannst du aus dieser Geschichte erkennen? Was glaubst du, möchte uns diese Geschichte sagen?

Es geht nicht darum, die Aufgaben perfekt zu erledigen und die verbleibende Zeit mit immer mehr Terminen zu füllen. Die Schale ist das Leben. Die großen Dinge, also zum Beispiel die Früchte, sind das Wichtige in deinem Leben: Sie stehen für Partnerschaft, Kinder, Liebe, Gesundheit, Lebensziele. Sie kommen immer zuerst. Wer das Leben mit unwichtigen Dingen füllt, wird nie Zeit und

Raum haben für die Früchte des Lebens. Die Dinge, auf die es wirklich ankommt.

Was sind die Früchte deines Lebens?

Wenn wieder mal Alltagsprobleme an deine Türe klopfen und sich in deinem Kopf ausbreiten möchten, so werde dir bewusst, was wirklich wichtig ist in deinem Leben. Auf diese Weise veränderst du die Bedeutung dieser unliebsamen Gäste und du gewinnst einen gesunden Abstand zum Geschehen. Eine distanzierte Betrachtung lässt so manches Problem kleiner und übersichtlicher erscheinen.

Sicherlich bist du schon öfters an Ameisenhügeln vorbeigewandert. Vielleicht bist du ja kurz stehen geblieben und hast die fleißigen Insekten in ihrem regen Umherlaufen beobachtet. Hast du dich schon mal gefragt, wie wohl die Welt - durch die Augen einer Ameise betrachtet - aussieht? Aus der Sicht einer Ameise sind bereits kleine Steine unüberschaubare Brocken, die sich als unverrückbare Hindernisse in den Weg stellen. Das Blickfeld dieses kleinen Wesens wird dadurch sehr begrenzt.

Wenn sich unser Denken im Kreise dreht und wir in schwierigen Situationen scheinbar stecken bleiben, beginnen wir die Welt mit Ameisen-Augen zu sehen. Plötzlich werden die Probleme zu riesigen, tonnenschweren Gesteinsbrocken, die uns den Blick in unsere Zukunft verstellen. Unser Verstand will immer gewinnen und so rennt er gegen diese Hindernisse an, um sich letztlich darin zu verbohren. Welch ein sinnloses Unterfangen! Dabei gibt es einen viel einfacheren und erfolgsversprechenden Weg: Wechsle deine Perspektive und beginne, die Welt mit den Augen eines fliegenden Vogels zu betrachten. Löse dich aus der Situation heraus, und das Problem wird für dich überschaubar und lösbar. Du erkennst, dass dieses Hindernis nur eine Lernaufgabe auf deinem Lebensweg ist und sich jenseits des Problems eine weite Landschaft für dich öffnet.

Für den fliegenden Vogel sind Kieselsteine wie Perlen, die im Licht der Morgensonne glänzend schimmern und ihm den Weit-Blick in die Ferne verschönern.

Welche Situationen bzw. Probleme betrachtest du mit den Augen einer Ameise?

6. Knopf zum Abschalten:

ERKENNTNIS

Du entscheidest darüber, was wirklich
wichtig ist in deinem Leben!

Die Dinge haben die Bedeutung, die du
ihnen gibst!

Lass`die Fruchtstücke deines Lebens
wachsen, indem du ihnen deine
Aufmerksamkeit schenkst!

Du kannst nicht abschalten, solange du ein „Schwarzmaler" bist!

Schließe doch bitte mal für wenige Sekunden deine Augen und denke an einen Apfel: Welche Farbe hatte der Apfel, den du vor deinem inneren Auge soeben gesehen hast? Vielleicht war er rot oder gelb oder beides, vielleicht aber war er grün ... ? Jedenfalls hast du diesen Apfel als BILD gesehen.

Du denkst in Bildern!

Beim Gedanken an deinen bevorstehenden Urlaub malst du dir möglicherweise Bilder von den herrlichen Landschaften und den historischen Sehenswürdigkeiten aus und du fühlst eine kribbelnde Vorfreude in deinem Bauch.

Deine Gedankenbilder erzeugen deine Gefühle und deine Gefühle bestimmen dein Glück!

Wow! Ist diese Erkenntnis nicht wunderbar? Du selbst bestimmst mithilfe deiner Gedanken deine Lebensqualität! Wenn es dir zukünftig gelingt, vermehrt positive Gedanken zu erzeugen, entsteht in deinem

Geist eine einzigartige Bildergalerie, die wahre Glückshormone freisetzt und dich mit Lebensfreude und Leichtigkeit beschenkt.

Du bist der Maler, der seine eigenen Gemälde erschafft! Du bist der Künstler, der darüber entscheidet, welche Farben er aus der vielfältigen Palette wählt, um seine Gedankenbilder zu gestalten!

Kennst du pessimistische Menschen, die bevorzugt graue und schwarze Farbtöne auf die Leinwand auftragen und düstere, bedrückende Szenarien zeichnen? Schwarzmaler grübeln viel, da ihre dunklen Bilder beunruhigende Sorgen und Ängste entstehen lassen, die ihren Geist massiv beschäftigen.

Interessant finde ich, dass sich die Pessimisten meist nicht outen und sich stattdessen als Realisten bezeichnen. Sie legitimieren durch diesen Trick ihre einseitige negative Grundhaltung und zeigen sich oftmals überheblich, indem sie den tatsächlich realistisch denkenden Menschen eine naive rosarote Brille verpassen.

7. Knopf zum Abschalten:
POSITIVES DENKEN

Ein wahrer Realist ist ein Mensch, der sowohl das Positive als auch das Negative erkennt und dadurch eine ganzheitliche Sicht der Dinge entwickelt. Er behält den Überblick und verwendet alle Farben seiner Palette. Seine Gedankenbilder sind bunt und voller Lebendigkeit. Sie spiegeln die Vielschichtigkeit des Lebens und erzeugen eine Vielfalt an Gefühlen.

Die Kraft des Positiven Denkens ist das Gegengewicht zu all´ dem Medienmüll, der deinen Geist mit täglichen Katastrophenmeldungen beschwert. Positives Denken ist keine Träumerei, sondern ein Geschenk der Evolution. Positives Denken liefert deinem inneren Maler die bunten Farben für deine kraftvollen Gedankenbilder, die deine Zukunft bestimmen. Positives Denken ist dein mächtigstes Instrument, um schwierige Situationen zu meistern und deinem Leben eine erfolgreiche Richtung zu geben.

Positives Denken ist der Beginn
für deinen Lebenserfolg!

Du kannst in deinem Leben nur das erreichen, wovon du dir ein Bild machen kannst. Wenn du dir beispielsweise eine glückliche Partnerschaft nicht vorstellen kannst, so wird es dir nicht gelingen, eine glückliche Beziehung zu leben. Die Chance auf eine erfüllende berufliche Tätigkeit öffnet sich in jenem Moment, in welchem du beginnst, deine Vorstellungen über deinen Traumjob zu entwickeln und diese mehr und mehr konkretisierst.

Erfolgreiche Menschen verbindet eine besondere Eigenschaft: Sie übernehmen Verantwortung für ihr Lebensglück! Rückschläge empfinden sie nicht als böse Zeichen des Schicksals, sondern als Hinweis, nach neuen Wegen zu suchen und ihre Gedanken neu auszurichten. Sie fragen sich, wozu das Problem gut ist, anstatt sich ohnmächtig in die Opferrolle zu begeben. Erfolgreiche Menschen sind sich der Macht ihrer positiven Gedanken bewusst und sie nehmen diese schöpferische geistige Kraft in Besitz, um ihr Leben eigenverantwortlich zu gestalten.

Positives Denken befreit auch dich von pessimistischem Grübeln und zieht wie ein Glücksmagnet neue Möglichkeiten und wundervolle Erfahrungen in dein Leben. Die Tage werden bunter und lebendiger und füllen sich mehr und mehr mit Freude und Leichtigkeit!

> „Es geht nicht darum,
> dem Leben mehr Tage,
> sondern den Tagen mehr Leben zu geben.
> *(Cicely Saunders)*

Bist du bereit, deinen Tagen mehr Leben zu geben? Dann lies das folgende Mentaltrainings-Programm, welches dir einfache und wirkungsvolle Wege zu deinem positiven Denken aufzeigt!

Wege zum positiven Denken

1. Weg: Wahrnehmen der Fülle

Du kennst sicherlich das häufig zitierte Beispiel vom halb gefüllten Wasserglas. Während die pessimistischen Betrachter ein zur Hälfte leeres Glas erkennen, sehen die positiv denkenden Menschen ein halb volles Glas. Welche Ansicht ist die richtige? Diese Fragestellung ist völlig unerheblich und führt zu keinem wirklichen Ergebnis, da beide Betrachtungsweisen sachlich korrekte Einschätzungen liefern. Sinnvoller ist die

Frage, welche Sichtweise die Lebensfreude und das Glücksgefühl stärkt. Die Antwort liegt auf der Hand:

**Das Wahrnehmen des Mangels
zieht dich runter und
das Erkennen der Fülle
baut dich auf!**

Achte doch mal bei deinem nächsten Spaziergang auf die beeindruckende Fülle der Natur: die unzähligen grünen Gräser, die bunten duftenden Blumen, die mächtigen Bäume, die rauschenden Bäche und Flüsse, die zahlreichen Steine, die Vielfalt an Tieren etc.

Die Natur spiegelt die Fülle des Lebens. Auch dein Körper besteht aus einer ungeheuren Vielfalt an Bausteinen. Wusstest du, dass dein Körper aus sagenhaften zwei Billionen Zellen besteht? Das ist eine Zahl mit zwölf Nullen oder anders ausgedrückt – 2.000 Milliarden. Für die allermeisten Menschen ist es selbstverständlich, dass dieses Wunderwerk der Evolution reibungslos funktioniert. Erst beim Auftreten von Störungen verändert sich die Wahrnehmung und die Aufmerksamkeit richtet sich auf die erkrankten und schmerzhaften

Körperstellen. Dann klagen wir allzu gerne über die gesundheitlichen Einschränkungen und hadern mit unserem Körper, dass er uns gerade in diesen Tagen im Stich lässt, wo es doch so wichtige Termine einzuhalten gilt.

Findest du nicht, dass dein einzigartiger Körper es verdient hat, auch dann von dir beachtet und wertgeschätzt zu werden, wenn du dich wohlfühlst? Findest du nicht, dass die unglaubliche Vielfalt der Natur es wert ist, deine Bewunderung zu erfahren?

Das Leben beschenkt dich mit einer wunderbaren Fülle! Nimm diese Fülle wahr und du wirst staunen, wie sich der Mangel aus deinem Bewusstsein verabschiedet und deine Gedanken mit jedem Tag an positiver Kraft gewinnen!

„*Aufwärts*" - so heißt der Titel meines Mentaltrainings-Programms zum positiven Denken. Die nachstehende Übung ist ein Baustein dieses Trainingsprogramms. Wiederhole diese Übung mehrmals wöchentlich und erlebe den faszinierenden Zuwachs deiner Lebenskraft und deiner Lebensfreude.

Übung: Begegnung mit der Fülle des Lebens

Schließe für die nächsten Minuten deine Augen und nimm´ deinen Geist mit auf die Reise durch deinen wundervollen Körper. Tauche ein in die Weite deines inneren Universums mit seiner Fülle an fleißigen Zellen, die Tag für Tag zu deinem Wohle arbeiten.

Geh´ mit deiner Aufmerksamkeit zu deinen Augen. Deine Augen lassen dich all´ die Farben sehen: Das weite blaue Meer mit seinem endlosen Horizont, die saftig grüne Wiese mit ihren bunten Blumen, die sanften Blüten des Apfelbaumes im Frühling, den herrlich frischen weißen Neuschnee, der im Licht der Sonne glitzert ... Bedanke dich liebevoll bei deinen Augen für all´ das Gute, was sie Tag für Tag für dich tun.

Setze deine geistige Reise fort und besuche deine Ohren, die dich all´ die Geräusche, Töne und Melodien hören lassen: Das Rauschen der Meeresbrandung, das Zwitschern der Vögel am frühen Morgen, die Stille des Waldes, den berührenden Klang deiner Lieblingsmusik, die angenehme Stimme eines lieben Menschen ... Bedanke dich liebevoll bei deinen Ohren für all´ das Gute, was sie Tag für Tag für dich tun.

Deine Reise führt dich jetzt zu deiner Nase. Deine Nase lässt dich all´ die Düfte wahrnehmen: Die klare Luft nach einem Sommerregen, das Wachs von brennenden Kerzen, das saftige Fruchtfleisch einer frischen Orange, das Bouquet eines edlen Weines, die Haut eines geliebten Menschen ... Bedanke dich liebevoll bei deiner Nase für all´ das Gute, was sie Tag für Tag für dich tut.

Richte nun deine Aufmerksamkeit auf deinen Mund, der dich all´ deine Lieblingsspeisen und Lieblingsgetränke genießen lässt. Schmecke in diesem Moment, wie du dir eine wundervolle Speise auf der Zunge zergehen lässt und diese auskostest. Dein Mund ermöglicht es dir auch, all´ das zu sagen, was dir wichtig ist: Deine Wünsche, deine Träume, deine Ziele, deine Erlebnisse ... Mit deinem Mund und deinen Lippen kannst du die zärtlichen und sinnlichen Küsse eines nahestehenden Menschen intensiv erleben. Bedanke dich liebevoll bei deinem Mund für all´das Gute, was er Tag für Tag für dich tut.

Spüre jetzt in deine Hände und Finger hinein, die dich deine Umwelt fühlen lassen: Das samtweiche Kissen, das kühle taufrische Gras am Morgen, die urige Rinde eines mächtigen Baumes, den kuscheligen Wollpullover, die zarte Haut und das geschmeidige Haar eines geliebten Menschen ... Deine Hände lassen dich so viel bewegen zu deinem Wohle und zum Wohle anderer Menschen. Erinnere dich daran, in welchen Situationen du anderen Menschen schon mal etwas abgenommen hast: eine Einkaufstasche, einen Koffer, die Erledigung einer Aufgabe ... Bedanke dich liebevoll bei deinen Händen und Fingern für all´ das Gute, was sie Tag für Tag für dich tun.

Der Reichtum deines Körpers ist grenzenlos und du könntest noch unzählige Stationen besuchen: Deine Beine und Füße, die dich von einem Ort zum anderen tragen, dein Herz, das dich mit Energie versorgt, deine Lungen, die dich mit frischem Sauerstoff erfüllen ... Bedanke dich herzlich bei deinem Körper für all´ das Gute, was er Tag für Tag für dich leistet und spüre diese liebevolle Verbindung zu deinem Körper, bevor du deine Augen wieder langsam öffnest und wieder ganz ins Hier und Jetzt zurückkehrst.

2. Weg: Beantworten der vier Wunderfragen

Möglicherweise wunderst du dich darüber, dass es solche Wunderfragen überhaupt gibt. Vielleicht bist du neugierig und möchtest erfahren, was das Besondere an diesen vier Fragen ist, welche dein Denken und dein Leben auf eine wundervolle Weise positiv verändern können.

Erfolg hat drei Buchstaben:
T U N
(Johann Wolfgang von Goethe)

Die faszinierende Wirkung der vier Wunderfragen beginnt sich zu entfalten, sobald du täglich – morgens oder abends – Antworten auf diese zentralen Fragen des Lebens suchst und findest. Die vier Wunderfragen sind das Rezept fürs Glück. Deine ehrlichen Antworten sind die Zutaten für dein ganz persönliches Lebensglück!

Diese vier Wunderfragen sind
das Rezept fürs Glück:

Dankbarkeit – Liebe – Sinn – Ziele

Übung: Morgen- oder Abendfragen

Wofür in meinem Leben bin ich dankbar?

Welche Menschen liebe ich und von welchen Menschen werde ich geliebt?

Was ist mein positiver Beitrag für diese Welt?

Welche Ziele möchte ich noch in meinem Leben erreichen?

3. Weg: Stopp-Change-Methode

Stelle dir doch bitte folgende Situation vor: Die Firma deines Schwagers steht auf wirtschaftlich gesunden Beinen und wird im kommenden Jahr expandieren und neue Filialen eröffnen. Michael – so heißt dein Schwager – ist ein umgänglicher Typ und du hast dich immer schon gut mit ihm verstanden. Vor rund zwei Wochen hat dir Michael eine interessante Stelle in seinem Unternehmen angeboten. Er möchte dich als Betriebsleiter für einen der neuen Standorte gewinnen. Die attraktiven Rahmenbedingungen sowie die sehr guten Möglichkeiten zur Weiterentwicklung motivieren dich, dieses Jobangebot anzunehmen.

Die Vorstellung, diese Entscheidung deinem Chef mitteilen zu müssen, lässt dich in den letzten Nächten schlecht einschlafen. In Gedanken siehst du, wie dein Vorgesetzter enttäuscht auf deine Kündigung reagiert. Er zeigt sich verärgert, da er deine Weiterentwicklung immer gefördert hat. Du fühlst dich schuldig und dein Magen spürt sich richtig unwohl und schwer an.

STOPP!!!
DU bist der Kapitän auf deinem Gedankenschiff und DU bestimmst die Richtung!

Wenn deine Vorstellungen beginnen, auf Kollisionskurs zu gehen, gib den Befehl „STOPP!" an deinen Verstand. Unterbreche die Abfolge deiner negativen Gedanken und durchkreuze deine Kopfbilder mit einem dicken roten Stift.

CHANGE!!!
Wechsle auf einen positiven Gedankenkurs!

Nachdem du diese pessimistische Gedankenspirale zum Stillstand gebracht hast, drehst du am Steuerrad deines Schiffes und nimmst volle Fahrt in Richtung „Positives

Denken" auf. Du ersetzt die negativen durchgekreuzten Bilder durch positive Gedanken und gewinnst durch diesen Wechsel an Ruhe und Zuversicht.

Im konkreten Beispiel stoppst du ganz bewusst deine Fantasien des enttäuschten und verärgerten Chefs und streichst sie mit dicken roten Strichen aus deinem Kopf. Stell dir vor, wie das Gespräch mit deinem Vorgesetzten gut verlaufen wird. Sieh vor deinem inneren Auge, wie du die richtigen Worte findest und der Chef deine Entscheidung nachvollziehen und verstehen kann.

Mit dieser Technik wird es dir gelingen, gedanklich abzuschalten und gut einzu-schlafen. Du wirst deutlich gelassener ins Gespräch rein gehen und dadurch dessen Ablauf positiv beeinflussen.

7. Knopf zum Abschalten

Positives Denken

Deine wiederkehrenden geistigen Bilder
erschaffen deine Realität.

Du bist nicht deine Gedanken, sondern
DU bist der Denker.

DU kannst jederzeit neue Gedanken
erzeugen und diese verändern.

Du kannst nicht abschalten, solange dein Körper in Alarmbereitschaft ist!

Stresshormone puschen deine körperlichen Funktionen und versetzten deinen Organismus in Alarmbereitschaft. Dieser physiologische Vorgang ist ein Erbe unserer Vorfahren und hat unzählige Generationen bis in die Gegenwart überlebt.

Ist der Steinzeitmensch während seiner Streifzüge auf eine Gefahr gestoßen – zum Beispiel auf einen hungrigen Bären – so konnte er nur durch Angriff oder Flucht überleben. Der Todstell-Reflex wäre wohl angesichts des ausgeprägten Geruchssinns des Raubtieres ein verhängnisvoller Fehler gewesen. In diesem Augenblick der tödlichen Bedrohung setzte das Stammhirn unseres Vorfahren Stresshormone in Form von Adrenalin und Serotonin frei, um dessen Überleben zu sichern.

In Bruchteilen von Sekunden wurden die Arme und Beine sowie das Gehirn mit einer Extraportion Blut versorgt, während den Verdauungsorgangen Blut entzogen wurde, um die Leistungsfähigkeit kurzfristig zu steigern. Der Urmensch aktivierte sozusagen seinen biologischen Turbo.

Blutgefäße sind Hohlmuskeln, die durch Impulse des vegetativen Nervensystems ihren Querschnitt und dadurch den Blutfluss verändern können. Die erhöhte Gehirnleistung sorgte für angespannte Aufmerksamkeit und Konzentration, während die Skelettmuskulatur für Angriff oder Flucht bereit war.

Dieser Mechanismus funktioniert heute noch genauso wie vor Tausenden Jahren. Lediglich die Stressauslöser – die sogenannten Stressoren – haben sich mit der Zeit verändert. In unserer kapitalistisch geprägten Leistungsgesellschaft sind es keine wilden Tiere, die uns in Atem halten, sondern ehrgeizige Umsatz- und Produktionsziele, der harte Wettbewerb in den Märkten, immer komplizierter werdende organisatorische und gesetzliche Vorgaben, die Konkurrenz zwischen den Kollegen, das schlechte Arbeitsklima, ein unfähiger Chef, der Konsumdruck unserer Wegwerfgesellschaft, das Leistungsstreben in der Freizeit etc.

Während die Begegnung mit einem gefährlichen Tier nur von kurzer Dauer war, wirken die Stressoren der Neuzeit kontinuierlich auf unseren Organismus. Viele

Menschen leiden daher unter chronischem Stress.

Chronischer Stress macht krank!

Hast Du auch schon mal die Situation erlebt, als Du nach einer längeren arbeitsintensiven Phase anfälliger für Infekte wurdest? Die Neuroimmunologie kann mit zahlreichen Forschungsergebnissen den unmittelbaren Zusammenhang zwischen chronischem Stress und geschwächtem Immunsystem belegen. Erschöpfung führt demnach zu erhöhter Infektanfälligkeit.

Die moderne Medizin weiß längst um die negativen gesundheitlichen Folgen von chronischem Stress. Schlaflosigkeit, Übermüdung, Gereiztheit, Kopfschmerzen, Verdauungsstörungen, Magenschmerzen sind nur einige wenige Beispiele einer langen Liste stressbedingter Symptome.

Psychische Anspannung fördert körperliche Verspannung!

Fehlhaltungen und Bewegungsmangel in Verbindung mit stressbedingtem psychischen Druck führen unweigerlich zu schmerzhaften körperlichen Verspannungen. Die fehlende geistige Lockerheit spiegelt sich auch in der Muskulatur wider. Wer glaubt, sich immer anstrengen zu müssen, es allen anderen recht machen zu müssen, keine Fehler machen zu dürfen, immer stark sein zu müssen, dessen Seele verkrampft und dessen Muskeln beginnen zu verhärten. Verspannungen im Nacken beispielsweise können zu Spannungskopfschmerzen führen und den Blutfluss ins Mittelohr stören, was auch einen Tinnitus begünstigen kann.

Ungelöste belastende Probleme belasten das Verdauungssystem!

Wer kennt ihn nicht diesen Spruch aus dem Volksmund: „Der macht sich in die Hosen". Tatsächlich tendieren ängstliche Menschen eher zu Durchfällen, während Personen, die an ihrer Vergangenheit festhalten eher zu Verstopfungen neigen.

Unser Verdauungssystem reagiert sehr sensibel auf psychische Befindlichkeiten. So können uns ungelöste Probleme „schwer im Magen liegen" und so mancher Ärger „stößt uns sauer auf". Wer immer und immer wieder seine Meinungen und Gefühle runterschluckt, anstatt diese offen auszusprechen, riskiert unangenehme Magenbe-schwerden. Der Magen beginnt zu schmerzen, da er die Fülle an einbehaltenen und unterdrückten Worte nicht mehr verdauen kann.

8. Knopf zum Abschalten: BEWEGUNG

Wie du siehst, beeinflussen sich Psyche und Körper gegenseitig und bilden ein einheitliches System. Die Medizin bezeichnet diese Wechselwirkungen als Psychosomatik. Du kannst deutlich leichter abschalten, wenn du deinem Körper hilfst, die im Blut befindlichen Stresshormone abzubauen und ihn so aus seinem Alarmzustand befreist.

Seminarteilnehmer berichten des Öfteren von der wohltuenden Wirkung ihrer sportlichen Aktivitäten. So erzählte beispielsweise ein Vertriebsmitarbeiter, wie sich sein Kopf bereits nach wenigen Minuten Jogging viel freier und leichter anfühlt.

Bewegung ist gut für deinen Körper und macht deinen Kopf frei!

Stresshormone haben die Aufgabe, unseren Bewegungsapparat zu aktivieren und uns in Bewegung zu bringen. Wir machen nach arbeitsintensiven Phasen häufig den Fehler, unser Heil auf dem Sofa oder auf dem Liegestuhl zu suchen. Diese Faulenzer-Strategie ist jedoch in solchen Fällen denklich ungeeignet, da die ausgeschütteten Stresshormone noch über mehrere Tage wirken und das Relaxen behindern.

Stresshormone bauen sich am schnellsten durch Bewegung ab!

Ich empfehle meinen Kunden und Seminarteilnehmern, zunächst ihre geistige Unruhe über die körperliche Bewegung auf die Erde zu übertragen. Mit jedem Schritt verringert sich das überschüssige Adrenalin und Serotonin und der Organismus findet im wahrsten Sinn des Wortes „schrittweise" zur Ruhe. Also erst bewegen und dann später ausruhen. Sind die Stresshormone erst mal entsorgt, kannst du auch die anschließende Entspannung viel mehr genießen.

Der Fünf-Minuten-Trick:

Dein Innerer Schweinehund hat was gegen Bewegung? Dann trickse ihn doch einfach aus! Vereinbare mit ihm, dass du nur für wenige Minuten raus gehst oder auf den Hometrainer steigst. Einmal in Bewegung gekommen, wird sich deine Dynamik entfalten und mit Leichtigkeit werden aus fünf Minuten eine Viertelstunde oder mehr.

Ein Geheim-Tipp:

Ist dir schon mal aufgefallen, dass sich deine Stimmung deutlich bessert, wenn du öfters zum Himmel schaust? Wenn wir Menschen mit unseren Augen nach oben sehen, fällt es uns ganz schwer, an Probleme zu denken. Probier's doch einfach mal aus: Strecke deine beiden Arme und Hände senkrecht in die Höhe, hebe deinen Kopf und richte Deinen Blick nach oben. Verbleibe für mehrere Augenblicke in dieser Haltung und versuche, bewusst an ein belastendes Ereignis zu denken. Du wirst bemerken, dass es dir aus dieser Blickrichtung nicht gelingen wird, Probleme zu fokussieren.

Ich erinnere mich an Herbert, er arbeitete in leitender Funktion, war Anfang vierzig und klagte über depressive Verstimmungen. Er wünschte sich eine möglichst rasche Stimmungsaufhellung, ohne dafür irgendwelche Medikamente einnehmen zu müssen. Hätte ich ihm bereits bei unserem ersten Termin den Geheim-Tipp mit den Augen verraten, wären wahrscheinlich Unverständnis und Ablehnung als Reaktion gefolgt: So einfach kann das ja gar nicht sein! Wie soll denn das funktionieren? Auf so was lass' ich mich doch nicht ein!

Also verpackte ich diese Übung in eine Aufgabenstellung und bat den Kunden um Hilfe. Aus seinen Schilderungen ging hervor, dass er regelmäßig Spaziergänge in die Natur unternahm. Diese boten mir eine gute Möglichkeit, um meine Bitte mit folgenden Worten einzuleiten: „Ich interessiere mich für das Waldsterben in unserer Gegend. Da du öfters zu Fuß unterwegs bist, möchte ich dich fragen, ob du während deiner Ausflüge die Baumwipfel beobachten kannst. Berichte mir dann bitte bei unserem nächsten Termin über deine gewonnenen Eindrücke."

Der Blick nach oben hebt deine Stimmung!

Als Herbert zwei Wochen später zu mir kam, bestätigte er, dass die allermeisten Bäume gesund seien und er keinerlei Anzeichen eines Waldsterbens feststellen konnte. Die Spaziergänge hätten ihm besonders gut getan und seine Stimmung sei stabiler und generell positiver. Gestärkt durch diese wohltuende Erfahrung hat sich Herbert in weiterer Folge entschieden, das Coaching fortzusetzen, um an den Ursachen seiner Gemütsschwankungen zu arbeiten.

Lachen ist Bewegung !

Nachweislich wird bei jedem Lachen eine Vielzahl von Gesichtsmuskeln bewegt. Wenn du herzhaft lachst, verziehen sich deine dunklen Gedankenwolken und so ganz nebenbei werden angestaute Stresshormone reduziert. Die Natur hat uns die Gabe des Lachens in die Wiege gelegt. Lass' dich von deinen Erinnerungen an humorvolle Momente inspirieren und entdecke dein herzhaftes Lachen neu.

„Ein Tag ohne Lachen ist
ein verlorener Tag.“
(Charly Chaplin)

8. Knopf zum Abschalten:

Bewegung

Solange deine Stresshormone nach
Bewegung verlangen, können auch deine
Gedanken nicht zur Ruhe finden.

Deine Augen-Blicke können die Weite
des Himmels spüren.

Wer miteinander lacht, kann auch gut
miteinander leben.

Du kannst nicht abschalten, solange du deine Zeiträuber nicht im Griff hast!

Unter dem Titel *„Gewinnen Sie Freiräume statt in Arbeit zu versinken"* darf ich schon seit über zehn Jahren Menschen in Sachen Zeitmanagement trainieren. Meist sind es Mitarbeiter und Manager von Unternehmen, welche dieses Seminar mit dem Wunsch besuchen, effektiver zu arbeiten und sich Zeitinseln für Ruhe und Erholung zu schaffen. Das Thema „Abschalten können" ist in diesem Zusammenhang ein Dauerbrenner und wird seitens der Teilnehmer über die Jahre hinweg immer wieder aufs Neue genannt.

Es sind die klassischen Zeiträuber, welche dir nicht nur deine Zeit stehlen, sondern auch deinen Inneren Denker unnötig belasten.

Die häufigsten Zeitdiebe:

- ⚔ Mangelnder Überblick
- ⚔ Fehlende Übersicht über die zu erledigenden Aufgaben, Ablenkungen, Störungen

- ⚔ Unangemeldeter Besuch von Kunden und Kollegen sowie Telefonate und Kommunikationsprobleme
- ⚔ Ineffiziente Besprechungen, Sitzungen und Meetings

9. Knopf zum Abschalten: Zeitmanagement

Das Außen spiegelt das Innen. Übertragen wir diese Weisheit auf den Arbeitsplatz, so repräsentiert die Unordnung auf dem Schreibtisch das Chaos im Kopf. Geht dein Überblick erst mal verloren, beginnst du im Durcheinander der vielen Aufgaben zu versinken. Die zahlreichen Post-Sticks am PC und neben dem Mousepad wirken wie letzte Rettungsversuche, um den totalen Untergang zu verhindern.

Viele Post-Sticks sind Ausdruck der Zerstreuung!

Gedanklich zerstreute Menschen handeln sprunghaft. Es fehlt ihnen die Linie, welche für eine systematische Bearbeitung von Aufgaben und die Erreichung von Zielen notwendig ist. Du bist dann effizient, wenn du die Übersicht behältst und dadurch die Ausführung der Tätigkeiten optimal koordinieren kannst.

Mit der „To-Do-Liste" hast du alles im Griff!

Die „To-Do-Liste" ist wahrlich eine Wunderwaffe im alltäglichen Anforderungsschungel. Bei der Anwendung solltest du folgende drei Regeln unbedingt beachten:

- Trage <u>alle</u> unerledigten Aufgaben in die Liste ein
- Weise jeder Aufgabe eine Priorität zu
- **A**-Aufgaben kommen vor **B**-Aufgaben und **C**-Aufgaben

Tätigkeiten, die zu einem fixen Termin abgeschlossen sein müssen, erhalten dann eine hohe Priorität, wenn ihre Deadline zeitlich schon nahe gerückt ist. Solche dringlichen Aufgaben sind zeitkritisch und dürfen keinesfalls mehr aufgeschoben werden. Auch Aufgaben, die für dich persönlich wichtig sind bzw. deinen beruflichen Erfolg beeinflussen, sollten – unabhängig von ihrer zeitlichen Dringlichkeit - der Priorität A zugeordnet werden.

Nachrangige Tätigkeiten stehen auf deiner „To-Do-Liste" weiter unten. Überlege dir, ob du solche B- und C-Aufgaben delegieren kannst. Frage dich auch, ob es überhaupt sinnvoll ist, die eine oder andere Aufgabe weiterhin so auszuführen? Vielleicht ließe sich ja die monatliche Statistik deutlich vereinfachen oder das umfängliche Mail durch ein kurzes Telefonat ersetzen?

Beispiel für eine To-Do-Liste:

Priorität	Aufgabe	Bis Wann ?
A	Anruf Praxis Dr. Schmidt (Gesundheits-Check)	10.05.
A	Anruf bei Firma L&L (Fehllieferung)	10.05.
A	Erstellen Präsentation für Messe	14.05.
A	Entwurf für Info-Schreiben an Kunden	15.07.
B	Auswertung der Verkaufsumsätze getrennt nach Artikeln und Verkaufsgebieten	30.06.
B	Aktualisieren der Artikelliste	25.07.
C	Mail an Herrn Huber	Gelegent-lich
C	Buch besorgen (Privat)	Gelegent-lich

Die letzten 15 Minuten deines Arbeitstages solltest du verwenden, um diesen inhaltlich abzuschließen und dich gedanklich auf den nächsten Tag vorzubereiten.

Du kannst das Heute leichter loslassen, wenn du das Morgen überschauen kannst!

Genieße das wohltuende Gefühl der Erleichterung und Zufriedenheit, wenn du vor dem nach Hause gehen all' die Aufgaben aus deiner „To-Do-Liste" ausstreichen kannst, die du während des Tages erledigt hast. Endlich siehst du schwarz auf weiß, was du heute geleistet hast.

Anschließend solltest du noch ein paar Minuten investieren, um den nächsten Tag zu formen. Überlege dir, welche Aufgaben du aus der Liste morgen bearbeiten möchtest. Achte bitte darauf, nur die Hälfte deiner Arbeitszeit zu verplanen. Du brauchst ausreichende Zeitpuffer für Unvorhergesehenes, damit du spontan reagieren kannst.

Plane nur die Hälfte deiner Arbeitszeit!

Mithilfe dieses täglichen Rituals gelingt es dir, dich aus dem einengenden Gefühl der Fremdbestimmtheit zu befreien und in die Rolle des gestaltenden Zeitmanagers hinein zu wachsen. Dein Innerer Denker gewinnt dadurch an Sicherheit und Gelassenheit.

Ein Zeitmanager hat nicht nur seine Aufgaben im Griff, sondern auch seinen Schreibtisch.

Dein Schreibtisch ist eine Werkbank!

Schauen wir doch mal einem Tischler zu, wenn er eine Kommode fertigt. Wir finden auf seiner Werkbank eine freie Arbeitsfläche und in Griffweite seine Werkzeuge und verschiedene Kleinmaterialien wie Schrauben, Nägel, Scharniere, Holzleim etc. Hätte er an seinem Arbeitsplatz viel Material herum liegen – möglicherweise auch noch Hölzer von anderen Werkstücken – so wäre ein Fertigen der Kommode auf seiner Werkbank kaum möglich.

Wie sieht dein Arbeitsplatz aus? Stapeln sich Unterlagen auf deinem Schreibtisch, welche bereits bearbeitet sind oder erst noch erledigt werden müssen?

Auf deinen Schreibtisch gehören nur jene Unterlagen, die du gerade bearbeitest!

Ein überladener Schreibtisch sendet ständig die Botschaft an dein Unterbewusstsein, dass dir die Arbeit über den Kopf wächst und du in Arbeit versinkst. Diese unmerklichen Signale der Überforderung nähren deinen Geist mit Unruhe und lassen dich schlecht schlafen. Sorge auf deinem Arbeitsplatz für eine überschaubare Ordnung und dein Unterbewusstsein kann jede Menge Ballast abwerfen, der zuvor deinen Geist unnötig beschwert hat.

Leg' dazu alle Unterlagen auf einen Nebentisch oder auf den Fußboden und poliere deinen Schreibtisch mit einem Wischtuch. Was für ein ungewohntes Bild! Eine leere und saubere Arbeitsfläche. Wann konntest du das letzte Mal diesen Anblick genießen?

Widme dich anschließend dem Papierstapel und prüfe, was du davon alles in den Papierkorb werfen kannst. Fachzeitschriften, welche du seit einem halben Jahr nicht gelesen hast, solltest du ebenso wegwerfen, wie abgelaufene Garantiescheine oder Bedienungsanleitungen von Geräten, die nicht mehr im Einsatz sind.

Arbeiten, welche du in drei Minuten erledigen kannst, solltest du sofort tun!

So manches Schriftstück lässt sich durch ein Telefonat oder einfaches Mail schnell erledigen und darf danach in den Ordner wandern. Vielleicht kannst du ja auch den einen oder anderen Beleg an deine Kollegen weiterleiten, anstatt alles selber zu machen.

Die verbleibenden Unterlagen legst du geordnet in die Ablage und holst sie gezielt zur Bearbeitung auf deinen Schreibtisch.

Ein Phänomen unserer Zeit sind die ständigen Unterbrechungen, welche den Menschen ein konzentriertes Arbeiten nahezu unmöglich machen. Eingehende Mails und Telefonate, Kundenbesuche, Fragen von Kollegen, spontane Aufträge des Chefs usw. reißen uns wiederholt aus unserer Tätigkeit heraus und zwingen uns im wahrsten Sinne des Wortes zum permanenten Umdenken. Die Klagen zahlreicher Seminarteilnehmer sprechen eine eindeutige Sprache. Sie leiden unter diesem „Split-Working", welches die Drehzahl des Gedankenrades in den roten Bereich treibt und enormen belastenden Stress verursacht.

Du brauchst Konzentrationsinseln für anspruchsvolle Aufgaben!

Ablenkungen bzw. Unterbrechungen setzen dich nicht nur unter Druck, sondern reduzieren auch deutlich die Effektivität deiner Arbeit. Es können sich mehr Fehler einschleichen und die Bearbeitungsdauer kann sich vervielfachen.

Löse dich vom Mythos der jederzeitigen Verfügbarkeit und stoße bei der nächsten Teambesprechung die Idee an, durch gegenseitiges kollegiales Unterstützen für jedes Teammitglied Konzentrationsinseln zu schaffen. So kann in Absprache mit den Kollegen das Telefon für zwei bis drei Stunden umgeleitet werden und auch interne Anfragen können in dieser Zeit von anderen entgegen genommen werden.

Teammitglieder, die einander unterstützen, wachsen zusammen!

Teamarbeit lebt von gegenseitiger Hilfe und kann – wenn Geben und Nehmen ausgeglichen sind – dadurch bereichert werden. Gerade in arbeitsintensiven Phasen wirken ein angenehmes Teamklima und ein gegenseitiges Unterstützen nachweislich Stress mindernd.

Ein weiterer häufiger Zeiträuber sind langatmige Sitzungen und Besprechungen. Kennst du solche Meetings, in denen ausschweifend erzählt wird, ohne dabei konkrete Ergebnisse zu erzielen? Da berichtet Herr Huber von Problemen in der Produktion, während Frau Schmidt bereits Lösungen anspricht und Herr Mayer den

Vorschlag mit der Killerphrase abwürgt: „Das kann nicht funktionieren!" Wenn dann Herr Berger fast zeitgleich ein völlig anderes Thema einwirft, nimmt das Zeitdrama seinen Lauf. Viel reden um nichts!

Besprechungen brauchen einen roten Faden!

Neben der Information geht es in Teammeetings auch darum, Probleme anzusprechen und zu lösen. Als Berater empfehle ich den Abteilungen, regelmäßig Teambesprechungen durchzuführen. Das gemeinsame Lösen von Problemen verwandelt Mit-Arbeiter in Mit-Denker und fördert nicht nur die Motivation dieser Menschen, sondern steigert auch die Kreativität und Innovationskraft des Unternehmens.

Wie kann nun dieser Problemlöseprozess im Team ausschauen, damit er von allen Beteiligten als zielführend und gewinnbringend erlebt wird? In meinen Seminaren biete ich den Teilnehmern gerne folgenden roten Faden an, der sich in der Praxis vielfach bewährt hat:

Problem beschreiben	Was genau ist das Problem?
Ursachen für das Problem	Was genau hat das Problem verursacht?
Lösungsideen sammeln	Welche Lösungen sind vorstellbar?
Lösungen bewerten	Welche Lösungen sind realisierbar? (Kosten, Zeit....)
Entscheiden	Welche Lösung wird tatsächlich umgesetzt?
Maßnahmenplan	WER macht WAS bis WANN?

Diese Struktur leitet das Denken der Teammitglieder konstruktiv in Richtung Lösung und ermöglicht ein zeitsparendes und zielführendes Arbeiten, das alle Beteiligten motiviert und Freude an der Teamarbeit vermittelt. Mit einer gelungenen Moderation ist der Erfolg solcher Meetings garantiert!

Meine Zeitmanagement-Tipps möchten dir helfen, bewusster mit deiner Zeit umzugehen, damit du Freiräume gewinnst, in denen dein Geist zur Ruhe finden und abschalten kann.

Die Zeit, die du dir nimmst, ist die Zeit, die dir was gibt!

Die nachstehende Geschichte lässt dich spüren, welch' kostbares Geschenk du täglich in deinen Händen hältst.

Geschichte vom magischen Bankkonto

Stell dir vor, du hast bei einem Wettbewerb den folgenden Preis gewonnen:

Jeden Morgen stellt dir die Bank 86.400 Euro auf deinem Bankkonto zur Verfügung. Doch dieses Spiel hat – so wie jedes andere Spiel auch – gewisse Regeln.

Die erste Regel lautet:

Alles, was du im Laufe des Tages nicht ausgegeben hast, wird dir wieder weggenommen. Du kannst das Geld nicht einfach auf ein anderes Konto überweisen und ansparen. Du kannst das Geld nur ausgeben. Aber jeden Morgen, wenn du erwachst, stellt dir die Bank erneut 86.400 Euro für den kommenden Tag auf deinem Konto zur Verfügung.

Die zweite Regel lautet:

Die Bank kann das Spiel ohne Vorwarnung beenden. Zu jeder Zeit kann sie sagen. „Es ist vorbei - das Spiel ist aus". Sie kann das Konto schließen und du bekommst kein neues Konto mehr.

Was würdest du tun? Du würdest dir alles kaufen, was du möchtest. Nicht nur für dich selbst, sondern auch für andere Menschen, die du liebst. Vielleicht sogar für Menschen, die du nicht einmal kennst, da du dieses viele Geld für dich gar nicht ausgeben könntest. In jedem Fall aber würdest du versuchen, jeden Cent so auszugeben, dass du ihn bestmöglich nutzt, oder?

Weißt du, eigentlich ist dieses Spiel die Realität. Jeder von uns hat so eine „magische Bank". Wir sehen sie nur nicht, denn die Bank ist die Zeit. Jeden Morgen, wenn wir aufwachen, bekommen wir 86.400 Sekunden Leben für den Tag geschenkt, und wenn wir am Abend einschlafen, wird uns die übrige Zeit nicht gutgeschrieben. Was wir an diesem Tag nicht gelebt haben, ist verloren, für immer vorbei.

Gestern ist vergangen. Jeden Morgen beginnt sich das Konto neu zu füllen, aber die Bank kann das Konto jederzeit auflösen, ohne Vorwarnung. Was machst du also mit deinen täglichen 86.400 Sekunden? Sind sie nicht viel mehr wert, als die gleiche Menge in Euro?

(Verfasser unbekannt)

9. Knopf zum Abschalten:

Zeitmanagement

Behalte den Überblick über deine
Aufgaben und deinen Arbeitsplatz!

Gewinne Freiräume und gönne dir
Zeit für dich selbst!

Jeden Tag schenkt dir das Leben
86.400 Sekunden.

Also fang an, dein Leben zu leben!

Du kannst nicht abschalten, solange du ständig die Erwartungen der anderen erfüllst und deine eigenen Bedürfnisse vernachlässigst!

Gehörst auch du zu jenen vielen harmoniebedürftigen Menschen, die ihr Handeln überwiegend nach den Vorstellungen der anderen ausrichten, sodass die eigenen Wünsche auf der Strecke bleiben? Gratuliere! Du hast soeben die Aufnahmeprüfung für den „Klub der Selbstvergessenen" bestanden.

Ich bitte dich um Verständnis für meine etwas provokante Ausdrucksweise. Als Coach setze ich an gezielten Stellen herausfordernde Worte ein, um meine Klienten anzustoßen, ihre persönlichen „Programmfehler" klarer zu erkennen. Vielleicht fragst du dich jetzt, wie ich es mir anmaßen kann, ein soziales Verhalten, welches sich stark an den Erwartungen anderer Personen orientiert, als „Programmfehler" zu bezeichnen?

Deine berechtigte Frage lässt sich leicht beantworten. Selbstvergessene Menschen leben an ihrer Lebensaufgabe vorbei! Sie sind getrennt von ihrem innersten Selbst, von ihrem Wesenskern.

Deine Lebensaufgabe liegt darin, deinen inneren Wesenskern zu entfalten!

Stell' dir doch einfach mal eine schöne Rose vor mit ihren einzigartigen Blütenblättern, dem langen Stiel und ihrem besonderen Duft. Was ist wohl die Lebensaufgabe einer Rose? Richtig! Der Lebenssinn dieser Blume besteht darin, ihren Samen zu entfalten und zu jener wunderschönen Rose zu erblühen, die sie in ihrem tiefsten Ursprung ist. Wenn du diese Metapher auf dich überträgst, so besteht deine Lebensaufgabe nicht darin, es ständig anderen recht zu machen, sondern deinen innersten Wesenskern, dein wahres Selbst, zu entfalten und zu leben und zu jenem einzigartigen Menschen zu erblühen, der du in deinem tiefsten Inneren bist.

Eine Rose beispielsweise würde nie auf die Idee kommen, einer Tulpe nachzueifern. Selbstvergessene Menschen jedoch suchen ihr Glück einseitig in der Harmonie mit den anderen und beginnen sich mehr und mehr zu verbiegen bis ihre Einzigartigkeit und Schönheit verblasst. Sie machen sich häufig quälende Gedanken darüber, ob sie wohl niemanden enttäuscht haben und gehen Konflikten möglichst aus dem Weg. Ihre eigene Meinung verkümmert, bis die letzten Ecken und Kanten unsichtbar werden.

Everybody's Darling
is everybody's DEPP!

Selbstvergessene Menschen verwelken zu unscheinbaren Wesen, deren Hilfsbereitschaft von der Außenwelt als selbstverständlich wahrgenommen wird. Sie fühlen sich meist ausgenutzt und kraftlos, da sie einen schweren Rucksack mit sich tragen, welcher mit den abgeschobenen Aufgaben anderer beladen ist.

10. Knopf zum Abschalten
NEIN-SAGEN

Die positive Nachricht vorweg: Die Selbstvergessenheit ist eine Prägung und kann jederzeit verändert werden!

Das Kind kommt unbeeindruckt zur Welt und wird im Laufe seiner Entwicklung von der Umwelt geprägt. Es übernimmt die Einstellungen und Werte seiner Familie und lernt, sich seiner Umgebung anzupassen. Auf diese Art und Weise entstehen unbewusste Glaubenssätze, die wie Programme das Verhalten eines Menschen steuern. Wissenschaftliche Ergebnisse zeigen, dass ca. 80% unseres Verhaltens unbewusst abläuft.

Deine unbewussten Glaubenssätze bestimmen dein Verhalten!

Beispiel für die Prägung von Selbstvergessenheit:

Ich erinnere mich an Herbert, einen netten jungen Mann (34 Jahre), der mich mit dem Wunsch aufsuchte, beruflich erfolgreich zu werden. Er hatte eine technische Ausbildung absolviert, doch dann schien es, als würde er in seinem Leben „stecken" bleiben. Im Laufe des Gespräches konnten wir einen zentralen Glaubenssatz erkennen:

„Ich muss die Erwartungen der anderen erfüllen!"

Der Mann erzählte mir von seiner Herkunftsfamilie und erwähnte, dass sein Vater früh bei einem Arbeitsunfall verstorben war und die Mutter zu kämpfen hatte, ihn und seine drei jüngeren Geschwister über Wasser zu halten. Die Witwe musste mehrere Jobs annehmen, um den Lebensunterhalt finanzieren zu können. Bereits mit 14 Jahren übernahm Herbert Aufgaben eines Erwachsenen, indem er Zeitungen austrug, Einkäufe erledigte, kleinere Reparaturen ausführte und auf die kleinen Geschwister aufpasste. Da war plötzlich kein Raum mehr für Herbert, um ins Kino zu gehen und mit Freunden herum zu ziehen. Seine unbeschwerte Jungendzeit fand ein jähes Ende. Er unterstützte mit allen Kräften seine belastete Mutter und die Familie und stellte seine Bedürfnisse hinten an. Herbert lernte JA zu sagen, obwohl er eigentlich NEIN sagen wollte und er behielt seine Meinung für sich. Diese dienende

Haltung blockierte seinen beruflichen Wechsel in eine Führungsaufgabe. Im Rahmen unseres gemeinsamen Coachings entwickelte Herbert einen neuen Glaubenssatz, der für den – inzwischen erwachsenen Herbert - weit passender war:

Der neue Glaubenssatz lautete:

„Ich bin mir und anderen gegenüber ehrlich und sage NEIN"

Die Welt, in der wir leben, besteht aus Gegensätzen. Es gibt von allem und jedem zwei gegensätzliche Ausprägungen: Liebe – Hass, Vertrauen – Angst, Hell – Dunkel, Arbeit – Ruhen, Heiss – Kalt, Saat – Ernte, Ebbe – Flut etc.

So finden wir auch die beiden Pole „Selbstvergessen" und „Egoismus". Im Leben geht es immer darum, zwischen den beiden Extremen das richtige Maß zu finden. In diesem Fall heißt der goldene Mittelweg „Gesundes Abgrenzen".

Gesundes Abgrenzen beginnt mit einem ehrlichen NEIN

Ein ehrliches NEIN schützt dich vor der Übernahme fremder Probleme, die deinen Inneren Denker überlasten. Ein NEIN hilft dir auch, für dich Zeitinseln zu schaffen, welche du dringend für deine Regeneration brauchst. Du bist es wert, auch deine Bedürfnisse zu achten und diese zu leben.

Sorge für dich, sonst tut es keiner!

Du bist für deine Gesundheit und dein Lebensgefühl selbst verantwortlich und nur du kannst dein Selbst entfalten – zu deinem Wohle und zum Wohle anderer.

Die anschließenden Tipps können auch dir helfen, ein ehrliches NEIN leichter auszusprechen.

NEIN-SAGEN, wenn Du keine Zeit hast:

Die Hemmung „NEIN" sagen zu können, bringt uns oftmals in Schwierigkeiten z. B. in zeitliche Probleme. Dabei ließe sich das Wort „NEIN" sehr schnell aussprechen, nicht wahr?

Hast du einen Augenblick Zeit?

Sagst Du jetzt „JA", obwohl Du keine Zeit hast, belügst du dich selbst und natürlich auch den anderen.

Lösungsvorschlag:

A: *„Hast du einen Augenblick Zeit?"*

B: *„Im Moment passt es mir überhaupt nicht!*

Worum geht es denn?"

A: *„Es geht um die Verhandlung mit dem Lieferanten XY."*

B: *„Auch wenn es mir im Moment nicht geht, würde ich mich doch gerne mit dir darüber unterhalten. Wie wäre es denn mit heute Nachmittag um 15 Uhr?"*

NEIN-SAGEN, wenn andere deine Pläne durchkreuzen:

Stell' dir vor, du freust dich auf den Besuch eines lieben Freundes, den du schon seit Monaten nicht mehr gesehen hast. Gerne nimmst du dir Freitag nachmittags frei, um die gemeinsame Zeit mit ihm genießen zu können. Unerwartet kommt dein Arbeitskollege auf dich zu und bittet dich, freitags für ihn einzuspringen. Er braucht frei, da sich bei ihm Handwerker angekündigt haben.

„Kannst du Freitag nachmittags für mich einspringen?"

Sagst Du jetzt „JA", so wirst du mit dir selbst hadern und möglicherweise auf dich selbst wütend sein, weil du schon wieder nachgegeben hast, um deinen Kollegen nicht zu enttäuschen.

Lösungsvorschlag:

A: *„Kannst du Freitag nachmittags für mich einspringen? Ich erwarte Handwerker und da sollte ich zu Hause sein."*

B: *„Du weißt, dass ich gerne hilfsbereit bin. Am Freitag kann ich dich leider nicht vertreten, da ich für einen wichtigen Termin bereits Zeitausgleich eingetragen habe."*

„Kannst du die Handwerker nicht verschieben bzw. kann dich nicht jemand anderer zuhause vertreten?"

A: *„Nein, das geht nicht. Was ist das für ein so wichtiger Termin, dass du am Freitag nicht einspringen kannst?"*

B: *„Du hast recht. Es ist ein wirklich wichtiger privater Termin für mich. Danke für dein Verständnis. Wenn du deine Handwerker doch auf nächste Woche verschieben könntest, springe ich gerne für dich ein.“*

NEIN-SAGEN, wenn du etwas grundsätzlich ablehnst:

Es gibt Situationen, in denen andere von dir etwas wollen, was deinen Werten und Überzeugungen widerspricht. Bleib' dir selber treu und folge deiner inneren Stimme.

„Würdest du bitte beim Chef gegen meinen Kollegen aussagen?“

Lösungsvorschlag:

„NEIN! Das mache ich nicht!“

Sprich' dieses NEIN ganz deutlich und mit einer klaren Stimme aus. Vermeide weitere Diskussionen, indem du offen sagst, dass dein Entschluss feststeht. Genieße die befreiende Wirkung deines deutlichen NEINS!

Gesundes Abgrenzen bedeutet auch, dass du dich aus sogenannten „Verstrickungen“ heraus löst. Solche Verstrickungen entstehen unmerklich, sobald du dich unbewusst mit dem Schicksal anderer Menschen zu identifizieren beginnst.

Befreie dich von übernommenen Lasten!

Im Laufe der Jahre durfte ich mit Klienten zahlreiche Organisations- und Familienaufstellungen durchführen, in welchen Verstrickungen sichtbar wurden. Wenn uns Menschen nahestehen, spüren wir deren Belastungen. Wir beginnen mit dieser Person mitzuleiden und übernehmen unbewusst deren Last, im Glauben, dass es diesem Menschen dann besser geht. Der Begründer des Familienstellens, der deutsche Theologe und Therapeut, Bert Hellinger, spricht von der Kraft der blinden Liebe, welche die Familienmitglieder zusammenhält und solche Verstrickungen entstehen lässt.

So berichtete mir beispielsweise Helga von einem bedrückenden Gefühl, das ihre Lebensfreude schon seit längerer Zeit überschattet. Sie konnte sich dieses nicht erklären, da sie ein sorgenfreies Leben führte. Die Familienaufstellung zeigte, dass sie von ihrem Vater dessen psychische Last übernahm. Helgas Vater war schon seit Jahren an Asthma erkrankt und litt unter dem Verlust seiner Frau. Als Helga die Ablösesätze sprach, überkam sie eine wohltuende Erleichterung, als würde eine schwere Last, die sie schon seit Jahren mit sich trug, von ihr abfallen. Aus dieser neu gewonnen Leichtigkeit heraus, konnte Helga ihrem Vater entspannter begegnen und sich verständnisvoller um ihn kümmern.

Sobald du bemerkst, dass dich das Schicksal eines anderen Menschen zu sehr berührt, empfehle ich dir folgenden Zaubersatz:

„Ich achte das Schwere, das du zu tragen hast, doch ich lasse bei dir, was zu dir gehört."

Dieser Zaubersatz ermöglicht dir ein gesundes Abgrenzen und verhindert dein Mit-leiden, welches dich schwächt und deine Unterstützung blockiert. Eltern wollen nicht, dass ihre Kinder ihre Lasten übernehmen. Möchtest du, dass deine Kinder deine Last tragen? Wahrscheinlich nicht!

10. Knopf zum Abschalten:

Nein-Sagen

Es entspricht nicht deiner Würde,
ständig die Erwartungen anderer zu
erfüllen!

Deine Lebensaufgabe ist es, deinen
Wesenskern zu entfalten!

Gesundes Abgrenzen ist der goldene
Mittelweg!

Ich möchte dir herzlich danken, dass du so viele Sekunden deiner wertvollen Lebenszeit dem Lesen dieses Buches gewidmet hast. Es würde mich sehr freuen, wenn dir meine Zeilen helfen könnten, dich leichter von belastenden Gedanken zu befreien und schneller in die Ruhe zu finden.

Die abschließende Geschichte lese ich gerne meinen Seminarteilnehmern zum Ausklang vor. Ich merke, wie dieser Text die Menschen erreicht, bewegt und ihnen Mut macht, ihr Leben selbst zu gestalten.

Brief eines alten kalifornischen Mönchs

Könnte ich mein Leben nochmals leben, dann würde ich das nächste Mal versuchen, mehr Fehler zu machen. Ich würde mich entspannen, lockerer und humorvoller sein als dieses Mal.

Ich kenne nur sehr wenige Dinge, die ich ernst nehmen würde. Ich würde mehr verreisen und ein bisschen verrückter sein. Ich würde mehr Berge erklimmen, mehr Flüsse durchschwimmen und mir mehr Sonnenuntergänge anschauen. Ich würde mehr spazieren gehen und mir alles besser ansehen. Ich würde öfter ein Eis essen und weniger Bohnen. Ich hätte mehr echte Schwierigkeiten und weniger eingebildete. Müsste ich es noch einmal machen, ich würde einfach versuchen, immer nur einen Augenblick nach dem anderen zu leben, anstatt jeden Tag schon viele Jahre im Voraus.

Ich gehörte immer zu denen, die nie ohne Thermometer, Wärmflasche, Gurgelwasser, Regenmantel und Aspirin aus dem Haus gingen. Könnte ich noch einmal von vorne anfangen, würde ich viel herumkommen, viele Dinge tun und mit wenig Gepäck reisen.

Könnte ich mein Leben nochmals leben, würde ich im Frühjahr früher und im Herbst länger barfuß gehen. Und ich würde öfter die Schule schwänzen. Ich würde mir nicht so hohe Stellungen erarbeiten, es sei denn, ich käme zufällig daran. Auf dem Rummelplatz würde ich viel mehr Fahrten machen, und ich würde mehr Gänseblümchen pflücken.

Aber sehen Sie ... ich bin 85 Jahre alt und weiß, dass ich bald sterben werde.

Über den Autor:

Mag. Rudolf Beirer, Jahrgang 1964, ist Geschäftsführer des „Institut Beirer", das er vor mehr als 10 Jahren gegründet hat. Über die Jahre hinweg hat Rudolf Beirer mehr als 3.000 Menschen erfolgreich trainiert und gecoacht und verschiedenste Organisationen in ihren Entwicklungsprozessen begleitet. Der diplomierte Psychologe bildet selber Coaches aus und hat sich auf die Themen Zeit- und Selbstmanagement sowie Führung und Teamentwicklung spezialisiert.

Während der letzten Jahre kamen immer mehr Hilfe suchende Mitarbeiter und Führungskräfte in seine Seminare und Coachings, die unter Stresssymptomen und Burn-out-Gefährdung litten. Er konnte viele dieser Menschen wirkungsvoll und nachhaltig unterstützen.

„Endlich abschalten können" ist der Wunsch zahlreicher stressgeplagter Menschen, aus dem eigenen quälenden Gedankenrad auszusteigen, um das Leben wieder zu genießen und neue Kräfte aufzutanken. Burn-out entsteht laut Beirer nicht durch vieles Arbeiten, sondern durch mangelnde Regeneration.

Mit diesem Buch gibt Rudolf Beirer den Leserinnen und Lesern „10 Knöpfe zum Abschalten" in die Hand, mit denen sich diese von belastenden Gedanken befreien und wieder zu innerer Ruhe und Gelassenheit finden können.

www.institut-beirer.at